Das Beste aus dem Leben machen

JR Miller

Writat

Diese Ausgabe erschien im Jahr 2023

ISBN: 9789359258614

Herausgegeben von
Writat
E-Mail: info@writat.com

Inhalt

EIN WORT ZUR EINFÜHRUNG.

Alexander pflegte zu sagen; „Philippus von Mazedonien hat mir das Leben geschenkt, aber es war Aristoteles, der mir beigebracht hat, wie ich das Beste aus dem Leben machen kann."

Das Geschenk des Lebens zu haben ist eine feierliche Sache. Das Leben ist Gottes heiligstes Vertrauen. Es steht uns nicht zu, damit zu tun, was wir wollen; es muss berücksichtigt werden, jedes Teilchen, jede Kraft, jede Möglichkeit davon.

Diese Kapitel wurden mit dem Ziel und der Hoffnung geschrieben, diejenigen, die sie lesen, zu einem ernsthaften und würdigen Leben anzuregen. Wenn sie dringend erscheinen, wenn sie ständig Motive der Nachdenklichkeit präsentieren, wenn sie fast ausschließlich auf der Seite der Verpflichtung und Verantwortung stehen, wenn sie die Pflicht stets in den Vordergrund stellen und zu Selbstverleugnung und Selbstaufopferung aufrufen und wenig Raum zum Spielen lassen, dann ist es das Das liegt daran, dass das Leben selbst wirklich sehr ernst ist und dass wir ihm ernsthaft begegnen, seine heilige Bedeutung erkennen und uns mit aller Ernsthaftigkeit und Energie dafür wappnen müssen.

Wenn dieses Buch jemanden lehrt, das Beste aus dem Leben zu machen, das Gott ihm anvertraut hat, wird das Lohn genug für die Arbeit seiner Vorbereitung sein. Diesem Dienst ist es liebevoll gewidmet, im Namen dessen, der das Beste aus seinem gesegneten Leben machte, indem er es im Opfer der Liebe verlor, und der uns auch aufruft, uns selbst zu sterben, damit wir für Gott leben können.

JRM

KAPITEL I.

DAS BESTE AUS DEM LEBEN MACHEN.

„Messen Sie Ihr Leben am Verlust statt am Gewinn;
nicht am getrunkenen Wein, sondern am ausgegossenen Wein; denn die
Stärke der Liebe liegt im Opfer der Liebe,
und wer am meisten leidet, hat am meisten zu geben." – *Die Jünger.*

Gemäß der Lehre unseres Herrn können wir das Beste aus unserem Leben machen, indem wir es verlieren. Er sagt, dass es gleichbedeutend ist, das Leben um seinetwillen zu verlieren, es zu retten. Es gibt ein niederes Selbst, das vom höheren Selbst niedergetrampelt und zu Tode getrampelt werden muss. Die Alabastervase muss zerbrochen werden, damit die Salbe herausfließen und das Haus füllen kann. Die Trauben müssen zerdrückt werden, damit man Wein trinken kann. Der Weizen muss gemahlen werden, bevor er zu Brot für den Hunger werden kann.

Es ist so im Leben. Gesunde, unbeschädigte und ungebrochene Männer sind von geringem Nutzen. Wahres Leben ist in Wirklichkeit eine Abfolge von Kämpfen, in denen der Bessere über den Schlechteren triumphiert, der Geist über das Fleisch. Solange wir nicht aufhören, für uns selbst zu leben, haben wir überhaupt nicht begonnen zu leben.

Wir können für andere erst dann wirklich nützlich und hilfreich werden, wenn wir diese Lektion gelernt haben. Man kann für sich selbst leben und dennoch viele angenehme Dinge für andere tun; Aber das Leben eines Menschen kann niemals zu dem großen Segen für die Welt werden, der es sein sollte, bis das Gesetz der Selbstaufopferung zu seinem Herzensprinzip geworden ist.

Im Wald steht eine große Eiche. Es ist wunderschön in seiner Majestät; es ist dekorativ; es wirft einen angenehmen Farbton. Unter seinen Zweigen spielen die Kinder; Zwischen seinen Ästen singen die Vögel. Eines Tages kommt der Holzfäller mit seiner Axt und der Baum bebt in all seinen Ästen unter seinen harten Schlägen. „Ich werde zerstört", schreit es. So scheint es, als der große Baum zu Boden stürzt. Und die Kinder sind traurig, weil sie unter den breiten Zweigen nicht mehr spielen können; Die Vögel trauern, weil sie im Sommerlaub nicht mehr nisten und singen können.

Aber verfolgen wir die Geschichte des Baumes. Es wird in Bretter geschnitten und zu einem wunderschönen Häuschen zusammengebaut, in dem Menschenherzen ihr glückliches Nest finden. Oder es wird beim Bau einer großen Orgel verwendet, die den Gottesdienst einer Gemeinde leitet.

Der Verlust seines Lebens war seine Rettung. Es ist gestorben, damit es zutiefst und wirklich nützlich werden kann.

Die Teller, Tassen, Schüsseln und Vasen, die wir in unseren Häusern und auf unseren Tischen verwenden, lagen einst wie gewöhnlicher Ton in der Erde, ruhig und friedlich, aber in keiner Weise Gutes tund, dem Menschen dienend. Dann kamen Männer mit Spitzhacken, und der Ton wurde grob herausgerissen und in einen Mörser getaucht und in einer Mühle geschlagen und gemahlen, dann gepresst und dann in einen Ofen gegeben und gebrannt und gebrannt, bis er schließlich in Schönheit und Anfang zum Vorschein kam seine Geschichte der Nützlichkeit. Offenbar wurde es zerstört, damit es seinen Dienst aufnehmen konnte.

Ein großes Kirchengebäude entsteht, und die Steine, die auf die Mauern gelegt werden, werden zu diesem Zweck aus dem dunklen Steinbruch geholt. Wir können uns vorstellen, wie sie sich beklagten, stöhnten und klagten, als die Bohrer und Hämmer der Steinbrucharbeiter auf sie einschlugen. Sie gingen davon aus, dass sie zerstört wurden, als sie aus dem Felsbett herausgerissen wurden, in dem sie jahrhundertelang ungestört gelegen hatten, und in Blöcke geschnitten und herausgehoben wurden, und dann, als sie gemeißelt und in Form gebracht wurden . Aber sie wurden nur zerstört, damit sie nützlich werden könnten. Sie werden Teil eines neuen Heiligtums, in dem Gott angebetet werden soll, in dem das Evangelium gepredigt wird, in dem reuige Sünder den Christus- Retter finden und in dem Trauernde getröstet werden . Sicherlich war es besser, dass diese Steine sogar unter Schmerzen herausgerissen und in die Mauer der Kirche eingebaut wurden, als dass sie noch Jahrhunderte ungestört im dunklen Steinbruch liegen blieben. Durch die Zerstörung wurden sie vor der Nutzlosigkeit bewahrt.

Dies sind einfache Veranschaulichungen des Gesetzes, das auch im menschlichen Leben gilt. Wir müssen sterben, um nützlich zu sein – um wirklich ein Segen zu sein. Unser Herr brachte diese Wahrheit in ein kleines Gleichnis, als er sagte, dass der Same in die Erde fallen und sterben muss, damit er Frucht bringt. Das Kreuz Christi selbst ist das beste Beispiel dafür. Seine Freunde sagten, er habe sein kostbares Leben verschwendet; Aber war dieses Leben verschwendet, als Jesus gekreuzigt wurde? George MacDonald präsentiert in einem seiner kleinen Gedichte mit tiefer spirectueller Einsicht diese Wahrheit über den gesegneten Gewinn des Lebens Christi durch sein Opfer und seinen Tod:

„Dreiunddreißig Jahre lang warst du ein lebendiger Same,
ein einsamer Keim, der auf die Seite unserer verlassenen Welt
gefallen ist . Deinen Tod und deine Auferstehung hast du ruhig
überstanden; wund umschlossen von vielen anhaftenden Unkräutern,
entsprungen aus dem brachliegenden Boden des Bösen und der Not;

hierher Und dorthin geworfen, von Freunden verleugnet; Bemitleidet
wegen der Güte, langweilig und verachtet vor Stolz; Bis endlich die
schreckliche Tat vollbracht war, Und du lagst erschöpft in einer steinigen
Laube – Drei Tage schlafend – oh, gottgleicher Schlaf, kurz, Für den
Menschen von Kümmere dich und mache dich mit Kummer vertraut,
Himmelssamen, du bist gestorben , damit aus dir
die purpurrote Blume mit verwurzeltem Stamm und schattigem Blatt
emporragen könnte.

Die Leute sagten, Harriet Newells schönes Leben sei verschwendet worden,
als sie es den Missionen schenkte, dann starb und weit weg von zu Hause
begraben wurde – Braut, Missionarin, Mutter, Heilige, alles in einem kurzen
Jahr –, ohne es auch nur einer heidnischen Frau oder einem heidnischen
Kind zu erzählen die Geschichte des Erlösers . Aber war dieses schöne junge
Leben tatsächlich verschwendet? NEIN; Ihr Name war in diesem ganzen
Jahrhundert eine der stärksten Inspirationen für die Missionsarbeit, und ihr
Einfluss hat sich überall ausgebreitet und Tausende von Herzen sanfter
Frauen und starker Männer berührt, wie die Geschichte ihrer Weihe erzählt
wurde. Hätte Harriet Newell tausend Jahre lang ein ruhiges, süßes Leben zu
Hause geführt, hätte sie nicht die Arbeit leisten können, die sie in einem
kurzen Jahr geleistet hatte, indem sie ihr Leben scheinbar ein vergebliches
Opfer gegeben hatte. Sie hat ihr Leben verloren, um es zu retten. Sie starb,
um zu leben. Sie brachte sich selbst als lebendiges Opfer dar, um nützlich zu
werden.

Im Herzen und im Geist müssen wir alle das Gleiche tun, wenn wir jemals
ein echter Segen auf der Welt sein wollen. Wir müssen bereit sein, unser
Leben zu verlieren – uns selbst zu opfern, unseren eigenen Weg, unsere
eigene Bequemlichkeit, unseren eigenen Komfort, möglicherweise sogar
unser eigenes Leben aufzugeben; denn es kommen Zeiten, in denen man
buchstäblich sein Leben verlieren muss, um gerettet zu werden.

Es war in einer Mine in England. Es hatte eine schreckliche Explosion
gegeben, und die Männer stürmten von der unteren Ebene herauf, direkt in
die Gefahr der tödlichen Nachexplosion ; als die einzige Chance auf
Sicherheit in einem anderen Schacht lag. Und ein Mann wusste das und stand
dort in dem gefährlichen Durchgang und warnte die Männer. Als er
aufgefordert wurde, selbst den sicheren Weg zu gehen, sagte er: „Nein, einer
muss hier bleiben, um die anderen zu führen." Gibt es einen schöneren
Heldentum im Leben dieser Welt?

Es war bei Fredericksburg, nach einer blutigen Schlacht. Hunderte
Unionssoldaten lagen verwundet auf dem Feld. Die ganze Nacht und den
ganzen nächsten Tag über wurde der Raum von Artillerie beider Armeen
erfasst; und niemand konnte es wagen, den Leidenden zu helfen. Die ganze

Zeit über erklangen auch quälende Schreie vom Feld nach Wasser, aber außer dem Donner der Kanonen kam keine Antwort. Doch schließlich hatte ein tapferer Kerl hinter der Stadtmauer, ein Soldat aus dem Süden, das Gefühl, dass er diese kläglichen Schreie nicht länger ertragen konnte. Sein Mitgefühl übertraf seine Liebe zum Leben.

„General", sagte Richard Kirkland zu seinem Kommandanten, „ich kann das nicht ertragen. Diese armen Seelen da draußen haben die ganze Nacht und den ganzen Tag um Wasser gebetet, und das ist mehr, als ich ertragen kann. Ich bitte um Erlaubnis, sie tragen zu dürfen." Wasser."

Der General versicherte ihm, dass es für ihn den sofortigen Tod bedeuten würde, auf dem Feld zu erscheinen, aber er bettelte so inständig, dass der Offizier, der seine edle Hingabe an die Menschlichkeit bewunderte, seine Bitte nicht ablehnen konnte. Ausgestattet mit einem Vorrat an Wasser stieg der tapfere Soldat über die Mauer und machte sich auf den Weg zu seinem Christus-ähnlichen Auftrag. Von beiden Seiten blickten fragende Augen zu, wie er neben dem nächsten Leidenden kniete, sanft den Kopf hob und den kühlenden Becher an seine ausgetrockneten Lippen hielt. Die Unionssoldaten verstanden sofort, was der Soldat in Grau für ihre eigenen verwundeten Kameraden tat, und es fiel kein einziger Schuss. Eineinhalb Stunden lang setzte er seine Arbeit fort, gab den Durstigen zu trinken, richtete verkrampfte und verstümmelte Glieder auf, bettete die Köpfe der Männer auf ihre Rucksäcke und breitete Decken und Militärmäntel über sie aus, zärtlich wie eine Mutter ihr Kind zudecken würde ; und die ganze Zeit über, bis dieser Engelsdienst beendet war, wurde die Salve des Todes verstummt.

Wieder müssen wir den Heldenmut bewundern, der diesen tapferen Soldaten in Grau so völlig dazu brachte, sich selbst zu vergessen, um seinen Feinden eine Gnadentat zu erweisen. In fünf Minuten einer solchen Selbstverleugnung liegt mehr Erhabenheit als in einem ganzen Leben voller Eigennutz und Selbstsucht. Darin liegt etwas Christliches. Wie arm, dürftig und gemein erscheinen neben den Aufzeichnungen solcher Taten die selbstsüchtigen Bestrebungen der Menschen, die kühnsten Wagnisse der Eigeninteressen!

Wir müssen den gleichen Geist in uns haben, wenn wir im wahrsten Sinne des Wortes ein Segen für die Welt werden wollen. Wir müssen sterben, um zu leben. Wir müssen unser Leben verlieren, um es zu retten. Wir müssen uns auf den Altar legen, um im Feuer der Liebe verzehrt zu werden, um Gott zu verherrlichen und den Menschen Gutes zu tun. Unsere Arbeit kann fair sein, auch wenn sie mit uns selbst vermischt ist; Aber erst wenn wir uns selbst opfern, auf dem Altar der Weihe verbrennen und in den heißen Flammen der Liebe verbrennen, wird unsere Arbeit wirklich zu unserem Besten, zu einem angemessenen Opfer, das wir unserem König darbringen können.

Wir dürfen nicht befürchten, dass wir uns in einem solchen Opfer, einer solchen Selbstverleugnung und Selbstvernichtung verlieren. Gott wird sich an jede Tat der Liebe erinnern, an jedes Selbstvergessen, an jede Entleerung des Lebens. Auch wenn wir an den verborgensten Orten arbeiten, wo keine menschliche Zunge jemals unser Lob aussprechen wird, werden dennoch Aufzeichnungen geführt, und eines Tages wird eine reiche und herrliche Belohnung gegeben. Ist Gottes Lob nicht besser als das des Menschen ?

„ Unversammelte Schönheiten einer üppigen Erde,
wilde Blumen, die auf unbetretenen Bergpfaden wachsen. Weiße Seerosen, die aus einsamen Seen zu Gott aufblicken – und menschlicher Wert, die demütige Pflichten erfüllen, die keinen Ruhm erlangen, heroische Seelen, die an geheimen Orten gesät sind, um zu leben." , leiden und unbekannt sterben – Sind diese Lieblichkeit und all diese Schmerzen nicht verschwendet? Ach, reicht es dann nicht aus, dass Gott auf dem Berg ist, am See, und in jeder einfachen Pflicht, um derentwillen seine Kinder ihre geben Selbst Blut als Preis? Der Vater sieht. Wenn sich das nicht auszahlt, was sonst? Denn gepflückte Blumen verwelken und Lobpreis tötet."

Marias Salbe wurde verschwendet, als sie die Vase zerbrach und sie über ihren Herrn goss. Ja; aber angenommen, sie hätte die Salbe in der unzerbrochenen Vase gelassen? Welche Erinnerung hätte es dann gehabt? Wäre es auf den Seiten des Evangeliums erwähnt worden? Wäre ihre Tat der sorgfältigen Aufbewahrung in der ganzen Welt bekannt geworden? Sie zerbrach die Vase und schüttete sie aus, verlor sie, opferte sie, und nun erfüllt der Duft die ganze Erde. Wenn wir wollen, können wir unser Leben behalten und es sorgfältig vor Verschwendung bewahren; Aber am Ende werden wir keinen Lohn und keine Ehre davon haben. Aber wenn wir es in liebevollem Dienst ausschöpfen, werden wir es zu einem bleibenden Segen für die Welt machen, und wir werden für immer in Erinnerung bleiben.

KAPITEL II.

Auf Gottes Altar gelegt.

„Mein Leben gehört nicht mir, sondern Christus, der es gegeben hat, und er schenkt es der ganzen Menschheit. Ich verliere es um seinetwillen, und so rette ich es; ich halte es fest, aber nur, um es auszugeben; akzeptiere es.“ , Herr, für andere, durch deine Gnade.“

Wir müssen sterben, um zu leben. Das ist das zentrale Gesetz des Lebens. Wir müssen brennen, um der Welt Licht zu spenden oder um den Duft von Weihrauch zum Lob Gottes zu verströmen. Wir können uns nicht selbst retten und gleichzeitig etwas unseres Lebens würdig machen oder im tiefsten und wahren Sinne eine Ehre für Gott und ein Segen für die Welt sein. Der Altar steht im Vordergrund jedes Lebens und kann nur um den Preis des Edelsten und Besten umgangen werden.

Die gesamte praktische Seite der Religion wird in der Ermahnung des heiligen Paulus zusammengefasst, dass wir unseren Körper Gott als lebendiges Opfer darbringen sollen. In der Antike brachte ein Mann ein Lamm, überreichte es Gott und legte es auf den Altar, damit es vom Feuer Gottes verzehrt wurde. Ebenso sollen wir unsere Körper präsentieren. Das erste ist, kein Arbeiter, kein Prediger, kein Seelenretter zu sein; Das Allererste in einem christlichen Leben ist, sich Gott zu präsentieren, sich auf den Altar zu legen. Wir müssen das verstehen. Es ist einfacher, für Christus zu sprechen und zu arbeiten, als sich ihm hinzugeben. Es ist einfacher, Gott ein paar Aktivitäten anzubieten, als ihm ein Herz zu schenken. Aber das Herz muss an erster Stelle stehen, sonst sind selbst die größten Geschenke und Dienstleistungen nicht akzeptabel.

„Der Meister braucht nicht deine Arbeit, sondern dich – den gehorsamen Geist, das gläubige Herz.“

„Ein lebendiges Opfer .“ Ein Opfer ist etwas, das Gott wirklich gegeben wurde, um ihm ganz und ewig zu gehören. Wir können es nicht mehr zurücknehmen. Man konnte kein Lamm auf den Altar Gottes legen und dann ein oder zwei Minuten später hinauflaufen und es abnehmen. Wir können heute nicht Gott gehören und morgen unser Eigentum sein. Wenn wir in einem Opfer, das er annimmt, überhaupt zu ihm werden, gehören wir immer ihm.

Wie können wir uns als Opfer für Gott darstellen? Durch die völlige Hingabe unseres Herzens, unseres Willens und aller unserer Kräfte an ihn. Absoluter Gehorsam ist Hingabe. Der Soldat lernt es. Er gehört nicht ihm. Er denkt nicht selbst und macht keine eigenen Pläne; er hat nur eine Pflicht: zu gehorchen. Payson sprach immer von seinem „verlorenen Willen" – verloren im Willen Gottes, meinte er. Das ist es, was es bedeutet, sich selbst zu opfern.

Es ist ein „lebendiges" Opfer. In der Antike wurden die Opfer getötet; sie wurden tot auf den Altar gelegt. Wir sollen uns lebendig präsentieren. Das Feuer verzehrte das alte Opfer; Das Feuer der Liebe Gottes und seines Geistes verzehrt unser Leben, indem es es reinigt und mit göttlichem Leben erfüllt. Diejenigen, auf die am Pfingsttag das Feuer fiel, wurden neue Menschen. Es gab ein neues Leben in ihren Seelen, eine neue Begeisterung, eine neue Begeisterung. Sie brannten vor Liebe zu Christus. Sie traten in einen Gottesdienst ein, in dem ihre ganze Energie flammte.

Das lebendige Opfer umfasst alles Leben – nicht nur das, was es jetzt ist, sondern alles, was daraus werden kann. Das Leben ist kein Diamant, sondern ein Samenkorn mit der Möglichkeit endlosen Wachstums. Dr. Lyman Abbott hat diese Illustration verwendet: „Ich pflücke eine Eichel vom Grünrasen und halte sie an mein Ohr; und das ist es, was es zu mir sagt: ‚Nach und nach werden die Vögel kommen und in mir nisten. Nach und nach Ich werde dem Vieh Schatten spenden. Nach und nach werde ich dem Haus im angenehmen Feuer Wärme spenden. Nach und nach werde ich denen Schutz vor dem Sturm bieten, die unter das Dach gegangen sind. Nach und nach werde ich der Starke sein Rippen des großen Schiffes, und der Sturm wird vergeblich gegen mich schlagen, während ich Männer über den Atlantik trage. „Oh dumme kleine Eichel, willst du das alles sein?" Ich frage. Und die Eichel antwortet: „Ja, Gott und ich."

Ich schaue in die Gesichter einer Gruppe von Kindern und höre ein Flüstern, das sagt: „Nach und nach werde ich für viele ein großer Segen sein. Nach und nach werden andere Leben kommen und in mir Nest und Zuhause finden. Nach und nach." Die Müden werden im Schatten meiner Stärke sitzen. Nach und nach werde ich als Tröster in einem Haus der Trauer sitzen. Nach und nach werde ich die Worte der Erlösung Christi in die Ohren der Verlorenen sprechen. Nach und nach werde ich in der Welt leuchten den vollen Glanz der Schönheit Christi und sei mit meinem Erlöser unter den Verherrlichten." „Du, gebrechlicher, machtloser, Kleiner?" Ich frage; und die Antwort ist: „Ja; Christus und ich." Und all diese gesegneten Möglichkeiten, die das Leben des jungen Menschen bietet, müssen im lebendigen Opfer auf den Altar gebracht werden.

Werfen Sie einen anderen Blick darauf. Manche Leute scheinen anzunehmen, dass dieses lebendige Opfer nur spirituelle Übungen beinhaltet; dass es nicht ihr Geschäft, ihr soziales Leben, ihre Vergnügungen betrifft. Aber es umfasst wirklich das ganze Leben. Wir gehören am Montag genauso wahrhaftig zu Gott wie am Tag des Herrn. Wir müssen auf Gottes Altar gelegt bleiben, sowohl während unserer Arbeit unter der Woche als auch während einer

Gebetsversammlung. Als Christen sind wir immer im Dienst, egal, ob wir weltliche Ziele verfolgen oder Frömmigkeitsübungen machen. Alle unsere Arbeiten sollten daher mit Ehrfurcht „wie vor dem Herrn" erledigt werden.

Wir sollten alles auch vor Gottes Augen und nach den Grundsätzen der Gerechtigkeit tun. Der engagierte Mechaniker muss bei jeder Arbeit, die er verrichtet, absolute Wahrheit an den Tag legen. Der geweihte Geschäftsmann muss sein Geschäft nach den Grundsätzen der göttlichen Gerechtigkeit führen. Der geweihte Millionär muss sein Geld auf Gottes Altar bringen, damit jeder Dollar davon für Gott Geschäfte macht und die Welt segnen kann. Die geweihte Haushälterin muss dafür sorgen, dass ihr Zuhause den ganzen Tag über so süß und so ordentlich und schön ist, dass sie sich nie schämen muss, wenn ihr Meister ohne Vorwarnung hereinkommt, um ihr Gast zu sein. Das heißt, wenn wir uns Gott als lebendiges Opfer darbringen, sollen wir in jedem Teil und in jeder Phase unseres Lebens Gottes sein, egal wohin wir gehen und was auch immer wir tun.

„Ich kann nicht von Nutzen sein", sagt einer. „Ich kann in Versammlungen nicht sprechen. Ich kann nicht in der Öffentlichkeit beten. Ich habe keine Gabe, Kranke zu besuchen. Es gibt nichts, was ich für Christus tun kann."

Nun, wenn der christliche Dienst nur darin bestünde, in Versammlungen zu reden und zu beten und die Kranken zu besuchen, wäre das für solche talentlosen Menschen entmutigend. Aber sind unsere Zungen die einzigen Fähigkeiten, die wir für Christus nutzen können? Es gibt Möglichkeiten, wie auch stille Menschen zu Gott gehören und ein Segen in der Welt sein können. Ein Stern spricht nicht, aber sein ruhiger, stetiger Strahl scheint ständig vom Himmel herab und ist für viele ein Segen. Eine Blume kann zwar keinen Vogelgesang singen, aber ihre süße Schönheit und ihr sanfter Duft machen sie zu einem Segen, wo auch immer man sie sieht. Seien Sie wie ein Stern in Ihrem friedlichen Glanz, und viele werden Gott für Ihr Leben danken. Seien Sie wie eine Blume in Ihrer reinen Schönheit und im Einfluss Ihres selbstlosen Geistes, und Sie können mehr tun, um die Welt zu segnen, als viele, die unaufhörlich reden. Das lebendige Opfer bedeutet nicht immer aktive Arbeit. Es kann das geduldige Ertragen eines Unrechts bedeuten, das ruhige Ertragen eines Schmerzes, das fröhliche Nachgeben einer Enttäuschung.

„Edle Taten werden in Ehren gehalten;
aber die weite Welt braucht leider geduldige Herzen, um den Wert
gemeinsamer Taten zu entschlüsseln."

Es gibt Menschen, die es für unmöglich halten, in ihrem engen Umfeld und unter ihren ungünstigen Umständen so zu leben, dass sie Gottes Gunst gewinnen oder ein Segen in der Welt sind. Aber es besteht kein Zweifel daran, dass viele der schönsten Leben auf der Erde in den Augen des Himmels diejenigen sind, die unter den scheinbar ungünstigsten Bedingungen gelebt werden. Ein Amsterdamer Besucher wollte die wundervolle Musik des Glockenspiels des Heiligen Nikolaus hören und stieg in den Turm der Kirche, um sie zu hören. Dort fand er einen Mann mit Holzhandschuhen an den Händen, der auf einer Tastatur herumhämmerte. Alles, was er hören konnte, war das Klirren der Schlüssel, wenn sie mit den Holzhandschuhen angeschlagen wurden, und der raue, ohrenbetäubende Lärm der Glocken dicht über seinem Kopf. Er fragte sich, warum die Leute von den wunderbaren Glockenspielen des Heiligen Nikolaus sprachen . Für sein Ohr war darin keine Musik zu hören, nichts als schreckliches Klappern und Klirren. Und doch erklang die ganze Zeit über die hinreißendste Musik über die Stadt hinaus. Männer auf den Feldern hielten bei ihrer Arbeit inne, um zuzuhören, und freuten sich. Die Menschen in ihren Häusern und Reisende auf den Autobahnen waren begeistert von den wunderbaren Glockentönen, die aus dem Glockenspiel erklangen.

Es gibt viele Leben, die für diejenigen, die in ihrer Nähe leben, scheinbar keine Musik ergeben. Sie geben ihre Kraft in harter Arbeit aus. Sie sind in enge Sphären eingesperrt . Sie leben inmitten des Lärms und Geklappers der alltäglichen Arbeit. Sie scheinen nur Holzhämmer auf klappernden, lauten Tasten anzuschlagen. In ihrem Leben kann es nichts geben, was Gott gefällt, würden die Menschen sagen. Sie glauben, dass sie nichts nützen, dass aus ihrem Leben kein Segen hervorgeht. Sie träumen nicht davon, dass durch ihr lautes Hämmern irgendwo auf der Welt süße Musik entsteht. So wie der Glockenläuter in seinem kleinen Turm keine Musik von seinem eigenen Glockenläuten hört, so denken sie, dass ihre harte Arbeit nichts als Klappern und Klirren hervorbringt; Aber überall auf der Welt, wo der Einfluss von ihrer Arbeit und ihrem Charakter ausgeht, wird das Leben der Menschen gesegnet, und die Müden hören mit Freude süße, tröstende Musik. Dann erklingen weit draußen im Himmel, wo Engel auf die Melodie der Erde lauschen, die bezauberndsten Klänge.

Zweifellos wird man am Ende sehen, dass viele der akzeptabelsten lebenden Opfer auf der Erde in den engsten Sphären und inmitten der härtesten Bedingungen auf den Altar gelegt wurden. Was für die Ohren aufmerksamer Zuhörer nur der Lärm schmerzhafter Arbeit ist, ist im Himmel so süß wie Engelslieder zu hören.

Das lebendige Opfer ist „Gott wohlgefällig". Es sollte eine wunderbare Inspiration sein, dies zu wissen; dass selbst die geringsten Dinge, die wir für Christus tun, ihm gefallen. Wir sollten in der Lage sein, eine bessere und wahrhaftigere Arbeit zu leisten, wenn wir an seine gnädige Annahme denken. Von Leonardo da Vinci wird erzählt, dass er, noch als Schüler, bevor sein Genie zur Genialität ausbrach, auf diese Weise eine besondere Inspiration empfing: Sein alter und berühmter Meister fühlte sich aufgrund seiner zunehmenden Altersschwäche gezwungen, sein Genie aufzugeben Er befahl Da Vinci eines Tages, ein begonnenes Bild für ihn fertigzustellen. Der junge Mann hatte eine solche Ehrfurcht vor den Fähigkeiten seines Meisters, dass er vor der Aufgabe zurückschreckte. Der alte Künstler akzeptierte jedoch keine Entschuldigung, sondern beharrte auf seinem Befehl und sagte einfach: „Gib dein Bestes.“

Da Vinci ergriff schließlich zitternd den Pinsel und kniete vor der Staffelei nieder und betete: „Um meines geliebten Meisters willen flehe ich um Geschick und Kraft für dieses Unternehmen an.“ Als er weiterging, wurde seine Hand ruhiger, sein Auge erwachte mit schlummerndem Genie. Er vergaß sich selbst und war voller Begeisterung für seine Arbeit. Als das Gemälde fertig war, wurde der alte Meister ins Atelier getragen, um über das Ergebnis zu urteilen. Sein Auge ruhte auf einem Triumph der Kunst. Er warf seine Arme um den jungen Künstler und rief: „Mein Sohn, ich male nicht mehr.“

Es gibt einige, die davor zurückschrecken, die Arbeit zu übernehmen, die der Meister ihnen gibt. Sie sind nicht würdig; Sie haben weder die Fähigkeit noch die Kraft, diese heikle Aufgabe zu erfüllen. Aber zu all ihrem schüchternen Zurückweichen und Zurückziehen lautet das sanfte, aber eindringliche Wort des Meisters: „Gib dein Bestes.“ Sie müssen nur in demütiger Ehrfurcht niederknien und um des geliebten Meisters willen um Geschick und Kraft für die zugewiesene Aufgabe beten, und schon werden sie inspiriert und ihnen wird geholfen, sie gut zu erledigen. Die Kraft Christi wird auf ihnen ruhen und die Liebe Christi wird in ihren Herzen sein. Und alles, was unter dieser gesegneten Inspiration getan wird, wird von Gott angenommen werden. Wir müssen nur das lebendige Opfer auf den Altar legen; dann wird Gott das Feuer schicken.

Wir müssen diese Angelegenheit der Weihe aus dem Wolkenland in die Region des tatsächlichen, alltäglichen Lebens bringen. Wir singen darüber und beten dafür und sprechen in unseren religiösen Zusammenkünften darüber, oft in strahlender Stimmung, als wäre es ein erhabener Zustand , mit dem das mühsame, kämpfende und sorgenvolle Leben der Erde überhaupt nichts zu tun hätte. Aber die durch das lebendige Opfer vorgeschlagene Weihe ist eine, die auf der Erde wandelt, die den tatsächlichen Pflichten, Kämpfen, Versuchungen und Sorgen des Lebens gerecht wird und die nicht in Gehorsam, Treue oder Unterwerfung schwankt, sondern Christus mit Liebe und Freude folgt, wo immer er ist führt. Keine andere Weihe gefällt Gott.

KAPITEL III.

Das Interesse Christi an unserem gemeinsamen Leben.

Du , lieber Herr, an jedem Ort
dem arbeitenden Volk
mit Liebe und Mitleid im Angesicht zur Seite und gibst Deine Hilfe und
Gnade
denen, die demütig das Joch tragen."

Eine der Erscheinungen unseres Herrn nach der Auferstehung veranschaulicht deutlich sein liebevolles Interesse an unserer gemeinsamen Arbeit. Während sie darauf warteten, dass er nach Galiläa kam, waren die Jünger eine Zeit lang zu ihrer alten Arbeit, dem Fischfang, zurückgekehrt. Sie waren arme Männer, und dies war wahrscheinlich notwendig, um für ihren eigenen Lebensunterhalt zu sorgen. Daher war der Fischfang die Pflicht, die ihm am nächsten lag. Dennoch muss es für sie eine trostlose Arbeit gewesen sein, nach den erhabenen Privilegien, die sie so lange genossen hatten. Denken Sie daran, was die letzten drei Jahre für diese Männer bedeutet haben. Jesus hatte sie in die innigste Gemeinschaft mit sich selbst aufgenommen – in engste vertrauliche Freundschaft. Sie hatten seinen wunderbaren Worten zugehört, seine gnädigen Taten gesehen und waren Zeugen seines süßen Lebens. Denken Sie daran, was für ein Privileg es war, diese schönen Jahre so mit Jesus zu leben. welche Einblicke in den Himmel sie hatten; welche Visionen strahlenden Lebens leuchteten vor ihnen auf.

Doch nun war diese kostbare Erfahrung zu Ende. Der schöne Traum war verschwunden. Sie waren wieder bei ihrer alten Arbeit. Wie trostlos muss es gewesen sein – dieser mühsame Umgang mit Rudern, Booten und Fischernetzen nach den Jahren des erhabenen Lebens mit ihrem Meister! Aber es ist uns ein kostbarer Gedanke, dass ihnen gerade zu dieser Zeit, als sie mitten in der langweiligen und ermüdenden Arbeit steckten und sie traurig entmutigt waren, Christus erschien. Es zeigte sein Interesse an ihrer Arbeit, sein Mitgefühl für sie in ihrer Entmutigung und seine Bereitschaft, ihnen zu helfen.

Dann gelten die Offenbarungen seines Erscheinens an diesem Morgen für alle seine Freunde und für alle Zeit. Wir wissen jetzt, dass unser auferstandener Erlöser an allem interessiert ist, was wir tun müssen, und bereit ist, uns in unserem langweiligen Alltagsleben zu helfen. Er wird zu seinem Volk kommen, nicht nur im Gottesdienst, in der Gebetsversammlung oder beim Heiligen Abendmahl, sondern ist ebenso geneigt, sich ihnen in der Aufgabenarbeit des einfachsten und langweiligsten Tages zu offenbaren. Susan Coolidge schreibt:—

„Dass deine volle Herrlichkeit im Überfluss vorhanden sein möge, sich vermehre
und so dein Ebenbild in mir geformt werde, bete ich; die Antwort ist nicht Ruhe oder Frieden, sondern Veränderungen, Pflichten, Wünsche, Ängste, bis es Platz für alles außer dir zu geben scheint, und nie Zeit für etwas anderes als diese.

„Und ich sollte mich fürchten, aber siehe! Inmitten des Gedränges, des Wirbels, des Summens und des Drucks meines Tages höre ich deine Kleider fegen, dein nahtloses Kleid, und dicht neben meiner Arbeit und meiner Müdigkeit erkenne ich deine gnädige Gestalt, nicht weit entfernt, aber sehr nahe, o Herr, um zu helfen und zu segnen.

„Die geschäftigen Finger fliegen; die Augen sehen vielleicht nur die flüchtige Nadel, die sie halten; aber mein ganzes Leben erblüht innerlich, und jeder Atemzug ist wie eine Litanei; während durch jede Arbeit, wie ein goldener Faden, das süße Bewusstsein gewoben ist." von dir."

In jedem Leben gibt es Pflichten, die lästig sind. Junge Leute empfinden Schularbeiten manchmal als langweilig. Es gibt treue Mütter, die der endlosen Pflichten im Haushalt oft überdrüssig werden. Es gibt gute Männer, die der Routine im Büro, im Laden, in der Mühle oder auf dem Bauernhof oft überdrüssig werden. Die meisten von uns haben manchmal das Gefühl, dass das, was wir Tag für Tag tun müssen, unserer nicht würdig ist. Wir hatten Einblicke oder kurze Erfahrungen in das Leben in seinen höheren Offenbarungen . Vielleicht war es eine Zeit lang eine Kameradschaft mit jemandem, der an Erfahrung oder Leistung über uns hinausging, der uns für eine kurze Zeit in erhabene Gedanken und Gefühle emporgehoben hat, nach der es schwierig ist, wieder in die alte mühselige Runde zurückzukehren, und zwar zu die alten, uninteressanten Kameraden. Es könnte ein Besuch an einem Ort oder in einem Zuhause gewesen sein, mit Möglichkeiten, Verfeinerungen, Inspirationen und Privilegien, die über diejenigen hinausgehen, die wir in unserer eigenen engeren Umgebung, einem einfacheren Zuhause und weniger angenehmen Intimitäten haben können.

Oder unsere Umstände könnten durch eine Vorsehung, die in unser glückliches Leben eingebrochen ist, drastisch verändert worden sein. Vielleicht war es ein Todesfall, der das Einkommen einschränkte, oder ein Geschäftsrückgang, der ein Vermögen verschlang, und Luxus und Bequemlichkeit sowie die materiellen Vorzüge und Eleganz des Reichtums müssen gegen Mühe, einfache Umstände und ein bescheideneres Zuhause eingetauscht werden. Es gibt kaum eine härtere Charakterprobe als solche Veränderungen, die sie mit sich bringen. Der erste Gedanke ist immer: „Wie kann ich dieses trostlose Leben, diese harten Aufgaben, diese schmerzhafte

Plackerei, dieses ermüdende Trampeln angehen, nachdem ich so lange die Annehmlichkeiten und Vorzüge meines alten glücklichen Zustands genossen habe?"

In solchen Fällen kann die Erscheinung des auferstandenen Christus an diesem Morgen am Ufer einen unermesslichen Trost finden. Die Jünger nahmen ihre langweilige alte Arbeit auf, weil es notwendig war und für die damalige Zeit ihre klare Pflicht war; Und dort wartete Jesus, um sie zu begrüßen und zu segnen. Akzeptieren Sie Ihre schwierigen Aufgaben und erledigen Sie sie mit Freude, egal wie lästig sie erscheinen, und Christus wird sich Ihnen darin offenbaren. Stellen Sie sicher, dass er niemals zu Ihnen kommt, wenn Sie einer Aufgabe aus dem Weg gehen, wenn Sie sich einer Pflicht entziehen oder wenn Sie sich Sorgen machen und unzufrieden sind über irgendwelche Umstände oder Bedingungen in Ihrem Schicksal. Es gibt keine Visionen von Christus für müßige Träumer oder unglückliche Drückeberger.

Angenommen, Sie kehren wie die Jünger aus privilegierten und erhabenen Zeiten zurück und sehen sich erneut einem alten Leben gegenüber, das Ihnen jetzt unwürdig erscheint; Doch für den Moment ist Ihre Pflicht klar, und wenn Sie eine Vision von Christus haben möchten, müssen Sie die Pflicht mit Freude annehmen. Angenommen, Ihr Privatleben ist eng, eintönig, unpoetisch, unfreundlich, ja sogar kalt und unfreundlich; doch dort ist für die Zeit dein Platz und dort sind deine Pflichten. Und genau in diesem Bereich, so eng er auch erscheinen mag , gibt es Raum für die heiligsten Visionen Christi und für die reichsten Offenbarungen seiner Gnade und seines Segens.

Man wird sich daran erinnern, dass Jesus selbst, nachdem er im Tempel einen flüchtigen Blick auf höhere Dinge geworfen hatte, in das bescheidene Bauernhaus in Nazareth zurückkehrte und dort weitere achtzehn Jahre lang Raum genug für die Entwicklung der reichsten Natur fand, die diese Welt je gesehen hat für die umfassendste und vollständigste Pflichterfüllung, die jemals unter dem Himmel geleistet wurde. Was auch immer unser Scheu vor langweiligen Aufgaben, unsere Abneigung gegen triste Pflichten, unsere Unzufriedenheit mit einem engen Platz und mit einschränkenden Umständen sein mag, wir sollten uns umgehend an die Arbeit machen, die Gott uns zuweist, und die Bedingungen akzeptieren, die im Los liegen er ernennt. Und in unserer härtesten Arbeit, unseren lästigsten Aufgaben, unseren niedrigsten Pflichten, unserer trostlosesten und unschönsten Umgebung müssen wir nur unsere Augen heben, um die gesegnete Gestalt Christi mit Jubel, Mitgefühl und Ermutigung vor uns stehen zu sehen uns.

Es gibt mehr von der Lektion. Christus offenbarte sich diesen Jüngern nicht nur bei ihrer bescheidenen Arbeit, sondern er half ihnen auch dabei. Er sagte ihnen, wo sie ihr Netz auswerfen sollten, und verwandelte ihr Scheitern in

Erfolg. Wir denken, dass Christus uns hilft, Versuchungen zu ertragen, Prüfungen zu ertragen, Sünden zu überwinden und geistliche Pflichten zu erfüllen, aber wir vergessen manchmal, dass er uns genauso bereit ist, uns bei unserer gemeinsamen Arbeit zu helfen. An diesem Morgen half er den Jüngern beim Angeln. Er wird uns in unserem Handel oder Geschäft helfen oder bei jeder Arbeit, die wir erledigen müssen.

Wir alle haben entmutigte Tage, an denen die Dinge nicht gut laufen. Die Jugendlichen scheitern im Schulunterricht, obwohl sie fleißig gelernt und wirklich ihr Bestes gegeben haben. Oder die Mütter versagen bei der Hausarbeit. Die Kinder sind schwer zu kontrollieren. Es war unmöglich, gute Laune zu bewahren, die Süße und Liebe zu bewahren, die für einen glücklichen Tag so wichtig sind. Sie versuchen, sanft, freundlich und geduldig zu sein, aber so sehr sie es auch versuchen, ihr Geist wird von Sorgen zerzaust und geplagt. Am Ende der langen, unglücklichen Stunden kommen sie verstört, besiegt und entmutigt. Sie haben ihr Bestes gegeben, aber sie haben das Gefühl, nur versagt zu haben. Sie fallen auf die Knie, aber sie haben nur Tränen für ein Gebet. Doch wenn sie ihre Augen heben, werden sie am Ufer des aufgewühlten Meeres ihres kleinen Lebens die Gestalt Eines sehen, dessen Gegenwart ihnen Kraft und Zuversicht verleiht und der ihnen zum Sieg verhelfen wird. Vor seinem süßen Lächeln fliehen die Schatten. Auf sein Wort wird neue Kraft gegeben, und danach ist die Arbeit leicht, und alles geht wieder gut.

Auch Männer sind in ihrem geschäftigen Leben ständig dazu aufgerufen, zu kämpfen, oft auch zu leiden. Das Leben ist für jeden, der wirklich leben möchte, nicht einfach. Die Arbeit ist hart; Die Lasten sind schwer; Verantwortung ist groß; Prüfungen sind schmerzhaft; Die Pflicht ist groß. Die Konkurrenz im Leben ist hart; seine Rivalitäten sind groß; Seine Reibungen zermürben manchmal die Seelen der Menschen bis zum Tod. Es ist schwer, inmitten der Irritationen, die ständig die empfindlichsten Stellen berühren, ein angenehmes Leben zu führen. Es ist schwer, liebevoll und barmherzig zu leben, wenn sie so viel Ungerechtigkeit und Unrecht sehen und manchmal selbst die Lieblosigkeit und Ungerechtigkeit der Menschen ertragen müssen. Es ist schwer zu schuften und sich niemals auszuruhen, selbst wenn das Einkommen knapp genug ist, um diejenigen zu ernähren und zu kleiden, die auf ihre Pflege angewiesen sind. Es ist schwer, den heftigen Angriffen der Versuchung zu widerstehen und sich rein, unbefleckt von der Welt, bereit für den Himmel zu halten, wann immer der Herr kommt.

Es ist kein Wunder, dass Männer manchmal entmutigt sind und den Mut verlieren. Sie sind wie jene müden Jünger an jenem Frühlingsmorgen am See Genezareth, nachdem sie die ganze Nacht gearbeitet und nichts zu sich genommen hatten. Aber vergessen wir nicht die Vision, die diese Jünger mit dem Anbruch der Morgendämmerung erwartete – der auferstandene Jesus, der mit seinem Liebesgruß und seiner starken Hilfe am Ufer stand und das Scheitern sofort in Segen verwandelte. Gegenüber jedem versuchten, kämpfenden und mühsamen Leben eines christlichen Jüngers steht Christus immer da, bereit, den Sieg zu erringen und ihn zum höchsten Wohl zu führen.

Das Leben wäre für uns alle einfacher, wenn wir die Gegenwart und tatsächliche Hilfe Christi in all unseren Erfahrungen erkennen könnten. Wir müssen uns nur um eines kümmern: dass wir stets unserer Pflicht treu bleiben und unserem Meister gegenüber loyal sind. Je langweiliger die Runde und je schmerzlicher der Kampf, desto sicherer werden wir jemals des Lächelns und der Hilfe Christi sein. Wir dürfen uns unserer Gebrechen rühmen, denn dann ruht die Macht Gottes auf uns.

Gewöhnlich sind es nicht die einfachen Wege, die luxuriöse Umgebung, die Pfade weltlicher Ehre, das angenehme Los, auf denen man die strahlendsten himmlischen Visionen sieht. Es gab mehr gesegnete Offenbarungen Christi in Gefängnissen als in Palästen, in Häusern der Armut als in Häusern des Überflusses, in Zeiten der Not als in Zeiten der Bequemlichkeit. Wir müssen nur unsere Aufgabe, unsere Plackerei, unsere Mühe im Namen Christi annehmen, und die Herrlichkeit Christi wird sie verklären und auf unser Gesicht scheinen.

KAPITEL IV.

DIE MÖGLICHKEITEN DES GEBETS.

„Bitte und empfange – das ist süß gesagt; doch ich
weiß nicht,
worum ich bitten soll , denn der Wunsch wird zunichte gemacht, die
Hoffnung wird zunichte gemacht ,
und ja, zum Dank erwidert mein Gedanke. Wenn ich beten würde, hätte ich
nichts zu sagen, außer dies , damit Gott noch immer Gott sei: Damit er Zeit
zum Leben habe, um noch zu geben, und süßer als mein Wunsch sein Wille
sei. –DAVID A. WASSON.

Wir fangen nicht an, die Möglichkeiten des Gebets zu erkennen. Der Umfang
des Gebets ist beispielsweise unbegrenzt. Wir können darin alle Dinge
umfassen, die zu unserem Leben gehören, nicht nur diejenigen, die unsere
spirituellen Interessen betreffen, sondern auch diejenigen, die nur weltliche
Angelegenheiten zu sein scheinen. Nichts, was uns in irgendeiner Weise
betrifft, ist Gott gegenüber gleichgültig. Einer schreibt: „Lernen Sie, mit
Ihren Gebeten die kleinen Sorgen, die unbedeutenden Sorgen, die kleinen
Bedürfnisse des täglichen Lebens zu verbinden. Was auch immer Sie berührt
– sei es ein veränderter Blick, ein veränderter Ton, ein unfreundliches Wort,
ein Unrecht, eine Wunde, Eine Forderung, die du nicht erfüllen kannst, ein
Kummer, den du nicht offenbaren kannst – verwandle es in ein Gebet und
sende es zu Gott. Offenlegungen, die du dem Menschen nicht machen darfst,
kannst du dem Herrn machen. Die Menschen sind vielleicht zu klein für
deine großen Angelegenheiten, Gott ist nicht zu groß für Ihre Kleinen.
Geben Sie sich nur dem Gebet hin, egal welcher Anlass es erfordert.“

Wenn wir es wirklich ernst meinen, stellen wir jedoch bald fest, dass unsere
Wünsche zu groß sind, um sie in Worte zu fassen. Wir haben in unseren
Herzen Gefühle, Hungersnöte , Zuneigungen, Sehnsüchte, die wir Gott
mitteilen wollen; aber wenn wir beginnen, mit ihm zu sprechen, finden wir
keine Sprache, die für ihren Ausdruck geeignet ist. Wir versuchen, Gott von
unserem Kummer über die Sünde, von unserer Schwäche und Sündhaftigkeit
zu erzählen, dann von unserem Wunsch, besser zu werden, Christus mehr zu
lieben, ihm enger nachzufolgen, und von unserem Hunger nach
Gerechtigkeit, nach Heiligkeit; Aber es ist sehr wenig von diesem tiefen
Verlangen, das wir in die Sprache einfließen lassen können.

Sprache ist ein wunderbares Geschenk. Die Fähigkeit, die Gedanken und
Gefühle unserer Seele in Worte zu fassen, damit andere sie verstehen können,
ist eine der wunderbarsten Kräfte , die der Schöpfer uns verliehen hat. So
teilen wir einander unsere Gefühle und Wünsche mit. Es ist eine

schmerzhafte Entbehrung, wenn die Tore der Sprache verschlossen und verschlossen sind und die Seele ihre Gedanken nicht sagen kann.

Doch wir alle wissen, dass selbst die wunderbare Fähigkeit der Sprache nicht ausreicht, alles auszudrücken, was die Seele erleben kann, es sei denn, unsere Gedanken und Gefühle sind sehr oberflächlich und trivial. Kein wahrer Redner findet jemals Sätze, die majestätisch genug sind, um die Gefühle zu interpretieren, die in seiner Seele brennen. Tiefe, reine Liebe ist niemals in der Lage, ihre heiligsten Gefühle und Emotionen in Worte zu fassen. Es ist nur das Alltägliche des Innenlebens, das selbst in der schönsten Sprache ausgedrückt werden kann. Es liegt immer mehr da, was unausgesprochen bleibt, als in irgendwelchen Worten gesagt wird.

Es gilt insbesondere für das Gebet, dass wir seine tiefsten Gefühle und heiligsten Wünsche nicht zum Ausdruck bringen können. Wir finden jedoch Trost in der Gewissheit, dass Gott Gedanken hören kann. Er weiß, was wir sagen wollen und was wir nicht ausdrücken können. Ihr liebster Freund steht vielleicht in Ihrer Nähe, wenn Ihr Geist voller Gedanken ist, aber wenn Sie nicht sprechen oder ihm ein Zeichen geben, kann er keinen Ihrer Gedanken kennen. Er mag sein Ohr nahe an dein Herz legen und sein Pochen hören ; aber er kann deine Gefühle, deine Wünsche nicht hören. Doch Gott weiß alles, was in deiner Seele vorgeht. Jeder Gedanke, der dir durch den Kopf geht, wird im Himmel gehört.

„O Herr, du hast mich erforscht und mich erkannt.
Du kennst meinen Niedergang und meinen Aufstand,
du verstehst meine Gedanken aus der Ferne.
Du erforschst meinen Weg und mein Liegen
und kennst alle meine Wege. Denn es gibt keinen." ein Wort in meiner Zunge, aber siehe, o Herr, du weißt es ganz und gar."

Wir brauchen uns daher keine Sorgen zu machen, wenn wir unsere Wünsche beim Beten nicht in Worte fassen können, denn Gott hört Wünsche, Herzenssehnsucht, Seelenhunger und Durst . Die Dinge, die wir nicht mit den Lippen sagen können, können wir Gott bitten, sie der Sprache unseres Herzens zu entnehmen. Am fernen Horizont unseres Seins steigt nicht der schwache, schwächste Schimmer eines Wunsches auf, aber Gott sieht ihn. Es gibt keinen Herzenshunger, keinen Wunsch, heiliger und besser zu werden, keinen Wunsch, Christus ähnlicher zu werden, keinen Wunsch, für Gott zu leben und ein Segen für andere zu sein, nicht den leisesten Wunsch, von Sünden befreit zu werden Macht, aber Gott weiß davon. Der heilige Paulus hat zu diesem Thema ein wunderbares Wort: Gott, sagt er, „kann mehr leisten als alles, worum wir bitten oder denken." Welche großen, großartigen Dinge können wir in Worten erbitten, wenn unser Herz bis ins Innerste bewegt ist? Wie viel können wir dann in Gebetsgedanken, in

Sehnsüchte, Wünsche, Sehnsüchte stecken, die über die Möglichkeiten der Sprache hinausgehen? Gott kann mehr tun, als wir in Worten oder Gedanken beten können.

Unser wahrstes Beten ist das, was wir nicht in Worte fassen können, die unaussprechlichen Sehnsüchte unseres Herzens, wenn wir zu Gottes Füßen sitzen und in sein Gesicht schauen und überhaupt nicht sprechen, sondern unsere Herzen sprechen lassen.

„So wie Freunde manchmal Hand in Hand sitzen und
die süße Sprache ihrer Augen nicht mit Worten trüben,
so lasst uns uns öfter in sanfter Stille verbeugen und
nicht versuchen, Gott mit Worten verständlich zu machen. Sehnsucht ist Gebet; auf seinen Flügeln erheben wir uns dorthin, wohin." Der Atem des Himmels schlägt auf unserer Stirn.

Unsere besten und aufrichtigsten Gebete gelten nicht den irdischen Dingen, sondern dem spirituellen Segen. Wenn es sich um zeitliche Objekte handelt, wissen wir nicht, wofür wir beten sollen – was für uns wirklich ein Segen wäre. Sie sind liebevolle Eltern und Ihr Kind ist sehr krank. Es scheint, dass es sterben muss. Sie fallen vor Gott auf die Knie, um zu beten, wissen aber nicht, was Sie fragen sollen. Dein brechendes Herz würde schnell flehen: „Herr, verschone mein kostbares Kind"; aber du weißt nicht, dass das das Beste ist. Vielleicht wäre das Leben nicht das schönste Geschenk Gottes an Ihr Kind oder an Sie. Wenn du also nicht den Mut hast, eine Wahl zu treffen, kannst du nur sagen: „Herr Gott, ich kann nicht mehr sagen; aber du kennst dein Kind; du verstehst, was das Beste ist."

Oder es scheint, als würde ein Plan von Ihnen, den Sie schon lange hegen, vereitelt. Du gehst zu Gott und fängst an zu beten; aber du weißt nicht, was du fragen sollst. Du kannst nur sagen: „Herr, ich kann nicht sagen, was das Beste ist; aber du weißt es ." Was für ein Trost ist es, dass Gott es tatsächlich weiß und dass wir die Last unseres Herzens ohne jegliche Bitte getrost in seiner Hand lassen können!

„Herr, ich hatte ein anderes Los gewählt,
aber dann hatte ich nicht gut gewählt. Deine Wahl, und wahrlich deine, war gut; kein anderes Los, suche Himmel oder Hölle, hatte mich gesegnet,
völlig verstanden, kein anderes, was du nicht befiehlst . " "

Wir können bei jeder Anfrage nach zeitlichen Dingen kaum mehr tun. Erzdiakon Farrar sagt: „Bei Gebeten für irdische Dinge sind zwei Dinge zu beachten: Erstens ist es eine furchtbare Herabwürdigung und Vulgarisierung der Erhabenheit des Gebets, wenn man hauptsächlich um irdische Segnungen bittet, als würde man um eine Handvoll Gras bitten, wenn man …" Sie könnten um eine Handvoll Smaragde bitten; die andere besagt, dass

Sie immer um irdische Wünsche bitten müssen, mit absoluter Unterwerfung Ihres eigenen Willens unter den Willen Gottes. Daher ist Schweigen oft das beste und wahrhaftigste Beten – die Verbeugung vor Gott in den großen Krisen des Lebens; aber sie sagten nichts und überließen die Last ohne Wahl der Hand Gottes. Wir sind immer in Sicherheit, wenn wir uns auf all unseren Wegen von Gott leiten lassen.

„ Das Böse, das er segnet, ist unser Gutes,
und das Ungesegnete ist das Gute, das böse ist;
und alles ist richtig, was am meisten falsch scheint, wenn es sein süßer Wille ist.“

Viele der reichhaltigsten Gebetsmöglichkeiten liegen jenseits der Täler des Schmerzes und der Trauer. Die besten Dinge im Leben kann man nicht um einen hohen Preis ergattern. Wenn wir um mehr Heiligkeit beten, wissen wir nicht, worum wir bitten; Zumindest kennen wir nicht den Preis, den wir zahlen müssen, um das zu bekommen, was wir verlangen. Unser „Näher, mein Gott, zu dir“ muss durch Folgendes bedingt sein und kann oft nur dadurch erreicht werden:

„Auch wenn es ein Kreuz wäre,
Das erhebt mich.“

Die spirituellen Dinge sind nicht nur die besten Dinge, sondern oft können die spirituellen Dinge auch nur erfasst werden, indem wir die irdischen Dinge, die wir gerne behalten würden, loslassen und aus unseren Händen verlieren. Gott liebt uns zu sehr, um unsere Gebete um Trost und Erleichterung zu erhören, selbst wenn wir sie äußern, wenn er dies nur unter geistlichem Verlust für uns tun kann. Er würde es uns lieber schwer machen, zu leben, wenn in der Härte ein Segen liegt, als es uns auf Kosten des Segens leicht zu machen.

Es gibt bestimmte Singvögel, die erst singen lernen, wenn ihre Käfige abgedunkelt sind. Wäre es wirklich nett, diese Vögel immer in der Sonne zu halten? Es gibt Menschenherzen, die nie lernen, das Lied des Glaubens, des Friedens und der Liebe zu singen, bis sie in die Dunkelheit der Prüfung eintreten. Wäre es für sie wahre Liebe, wenn Gott ihre Gebete um Linderung ihres Schmerzes erhören würde? Daher wagen wir es nicht, außer mit größter Zurückhaltung und Unterwerfung zu flehen, dass Gott das Kreuz des Leidens wegnimmt.

„Du kannst nicht sagen,
wie reich ein Mitgiftkummer die Seele macht, wie fest der Glaube und die Adlersicht Gottes sind.“

Erhört Gott Gebete? „Ich habe jahrelang für etwas gebetet“, sagt einer, „und es ist noch nicht gekommen.“ Gott hat viele Möglichkeiten zu antworten.

Manchmal zögert er, um eine bessere und ausführlichere Antwort zu geben. Eine arme Frau stand an einem Weinbergtor und blickte in den Weinberg. "Möchtest du ein paar Trauben?" fragte der Wirt, der drinnen war. „Ich sollte sehr dankbar sein", antwortete die Frau. „Dann bringen Sie Ihren Korb mit." Schnell wurde der Korb zum Tor gebracht und hineingereicht. Der Besitzer nahm ihn und blieb lange Zeit zwischen den Weinreben, bis die Frau entmutigt wurde und dachte, er würde nicht wiederkommen. Schließlich kam er mit vollem Korb zurück. „Ich habe Sie eine ganze Weile warten lassen", sagte er, „aber Sie wissen, je länger Sie warten müssen, desto bessere Trauben und desto mehr."

So ist es manchmal im Gebet. Wir bringen unser leeres Gefäß zu Gott und reichen es über die Gebetstür zu ihm. Er scheint lange zu zögern, und manchmal lässt der Glaube vor Warten nach. Aber schließlich kommt er und unser Korb ist voll mit köstlichen Segnungen. Er wartete lange darauf, uns eine bessere und umfassendere Antwort zu geben. Zumindest sind wir sicher, dass kein wahres Gebet jemals unbeantwortet bleibt. Wir müssen warten, bis die Früchte reif sind, und das braucht Zeit.

Dann zögert Gott manchmal, bis eine Arbeit in uns abgeschlossen ist, eine Vorbereitung, die erforderlich ist, bevor die beste Antwort empfangen werden kann. Die folgenden Wörter sind suggestiv:

„Noch unbeantwortet, das Gebet, das deine Lippen
all die Jahre in Qual des Herzens erfleht haben? Beginnt der Glaube zu
schwinden? Schwindet die Hoffnung, und denkst du, dass ihr alle umsonst
die Tränen vergießt? Sagt nicht, dass der Vater eure Gebete nicht erhört hat
; das
werdet ihr tun. " irgendwann, irgendwo deinen Wunsch haben.

„Bisher unbeantwortet, doch als du
diese eine Bitte zum ersten Mal vor dem Thron des Vaters eingereicht hast ,
schien es, als könntest du es kaum erwarten, zu fragen: „So dringend war es
dein Herz, es bekannt zu machen? Auch wenn seitdem Jahre vergangen
sind, verzweifeln Sie nicht; Die." Der Herr wird dir irgendwann und
irgendwo antworten.

„Noch unbeantwortet? Nein, sagen Sie nicht „unerhört".
Vielleicht ist Ihr Teil noch nicht ganz erledigt. Die Arbeit begann, als Ihr
Gebet zum ersten Mal gesprochen wurde. Und Gott wird zu Ende bringen,
was er begonnen hat. Wenn Sie den Weihrauch dort brennen lassen, wird
Seine Herrlichkeit sein." Du wirst es irgendwann und irgendwo sehen.

„Noch unbeantwortet? Der Glaube kann nicht unbeantwortet bleiben.
Ihre Füße stehen fest auf dem Felsen. Inmitten der wildesten Stürme steht
sie unerschrocken, noch zittert sie vor dem lautesten Donnerschlag. Sie

weiß, dass die Allmacht ihr Gebet erhört hat, und schreit: Es soll geschehen
– irgendwann, irgendwo.

KAPITEL V.

DIE BERÜHRUNG CHRISTUS ERHALTEN.

„Dies ist das Leben – Liebe ohne Grenzen auszuschütten;
Gut und Böse, sonnengleich, segnet ihn;
Durch eure Endlichkeit wird seine Unendlichkeit angedeutet – Kinder
eures Vaters müsst ihr sein." –LUCY LARCOM.

Es lag eine wunderbare Kraft in der Berührung Christi, als er auf der Erde war. Wo immer er seine Hand hinlegte, hinterließ er einen Segen, und Kranke, Traurige und Müde empfingen Gesundheit, Trost und Frieden. Diese verherrlichte Hand hält nun in ihrer Umklammerung die sieben Sterne. Dennoch gibt es Sinne, in denen die gesegnete Berührung Christi im Leben der Menschen noch spürbar ist. Er ist heute genauso wirklich auf dieser Welt wie damals, als er in menschlicher Gestalt durch Judäa und Galiläa wandelte. Seine Hand liegt immer noch auf den Müden, den Leidenden, den Kummer, und obwohl sein Druck nicht spürbar ist, ist seine Segnungskraft dieselbe wie in der Antike. Es wird den Kranken aufgelegt, wenn an ihrem Bett kostbare himmlische Worte des Trostes und der Ermutigung aus der Heiligen Schrift vorgelesen werden, die ihnen den Segen süßer Geduld schenken und ihre Ängste beruhigen. Es wird auf die Trauernden gelegt, wenn die Tröstungen der göttlichen Liebe mit zärtlichem Trost in ihre Herzen dringen und ihnen die Kraft geben, sich Gottes Willen zu unterwerfen und sich inmitten der Prüfung zu freuen. Es wird auf die Schwachen und Müden gelegt, wenn die Gnade Christi mit ihrem heiligen Frieden zu ihnen kommt, den wilden Tumult zum Schweigen bringt und der Seele wahre Ruhe schenkt.

Aber es gibt noch eine andere Art und Weise, wie die Hand Christi auf das menschliche Leben gelegt wird. Er schickt seine Jünger in die Welt, um ihn zu vertreten. „Wie der Vater mich gesandt hat, so sende ich euch", ist sein eigenes Wort. Natürlich kann das beste und heiligste christliche Leben nur die schwache, schwache Wiedergabe des reichen, erfüllten und gesegneten Lebens Christi sein. Doch auf diese Weise, durch diese irdenen Gefäße, hat er angeordnet, die Welt zu retten und die Menschen zu heilen, zu helfen, zu trösten, zu erheben und aufzubauen.

„In diesen irdenen Gefäßen
mag ein himmlischer Schatz zur Bereicherung deiner Armen leuchten; Du kannst uns in unserem menschlichen Maß mit dem Überfluss deines göttlichen Wesens erfüllen."

Wenn wir darüber nachdenken, was Gott für die Welt tut, neigen wir vielleicht zu leicht dazu, die menschlichen Agenten und Instrumente zu übersehen und zu denken, dass er das Leben direkt und unmittelbar berührt.

Ein Freund von uns ist in Trauer und wir gehen auf die Knie und beten zu Gott, dass er ihn trösten möge. Aber könnte es nicht sein, dass er den Trost durch unser eigenes Herz und unsere eigenen Lippen senden würde? Jemandem, den wir lieben, geht es nicht gut, er entfernt sich vom wahren Leben und läuft Gefahr, verloren zu gehen. In unserer Herzensangst schreien wir zu Gott und bitten ihn, seine Hand auf das gefährdete Leben zu legen und es zu retten. Aber ist es nicht unsere Hand, die in Liebe ausgestreckt und im Namen Christi auf das Leben gelegt werden muss, das in Gefahr ist?

Sicher ist zumindest, dass jeder von uns, der die Liebe Christi kennt, dazu bestimmt ist, für andere wie Christus zu sein; das heißt, der Bote zu sein, der ihnen das Geschenk der Gnade und Hilfe Christi überbringt und ihnen den Geist Christi, die Geduld, Sanftmut, Rücksichtnahme, Liebe und Sehnsucht Christi zeigt. Uns wird beigebracht zu sagen: „Christus lebt in mir." Wenn dies wahr ist, würde Christus andere durch uns lieben, und unsere Berührung für andere muss wie die Berührung Christi selbst sein. Jeder Christ sollte in seinem menschlichen Maß eine neue Inkarnation des Christus sein, damit die Menschen sagen: „Er deutet mir Christus. Er tröstet mich in meinem Kummer, wie Christus selbst es tun würde, wenn er käme und sich niedersetzte." neben mir. Er ist hoffnungsvoll und geduldig, wie Christus es wäre, wenn er zurückkehren und mich als seinen Jünger annehmen würde."

Aber bevor wir an der Stelle Christi gegenüber den Trauernden, Leidenden und Kämpfenden sein können, müssen wir den Geist in uns haben, der in ihm war. Als der heilige Paulus sagte: „Die Liebe Christi drängt mich", meinte er damit, dass er die wahre Liebe Christi in sich hatte – die Liebe, die selbst die Unschönsten liebte, die selbst den Unwürdigsten half, die sogar sanft und liebevoll war zu den Abscheulichsten. Wir sind niemals bereit, Gutes in der Welt zu tun, weder im wahrsten Sinne des Wortes noch in großem Maße, bis wir auf diese Weise vom Geist Christi erfüllt sind. Wir können Menschen auf eine bestimmte Weise helfen, ohne sie zu lieben. Wir können ihnen Leistungen bestimmter Art erbringen, die ihnen äußerlich oder zeitlich zugute kommen. Wir geben ihnen möglicherweise materielle Geschenke, bauen ihnen Häuser, kaufen Kleidung für sie, tragen ihnen Brot oder verbessern ihre Umstände und ihren Zustand. Auf diese Weise können wir viele Dinge für sie tun, ohne in unserem Herzen Liebe für sie zu hegen, etwas Besseres als gewöhnliche Philanthropie. Aber die größte und wahrhaftigste Hilfe können wir ihnen nur geben, wenn wir sie lieben.

„Als ich versucht habe", sagt Emerson, „mich anderen durch Dienste zu schenken, erwies sich das als intellektueller Trick – mehr nicht. Sie fressen deine Dienste wie Äpfel und lassen dich außen vor. Aber liebe sie, und sie spüren dich und erfreuen sich." die ganze Zeit in dir. Wenn wir andere lieben , können wir ihnen auf tiefgreifende und wahre Weise helfen. Wir können den Segen in ihre Herzen legen, statt nur in ihre Hände. Wir können in ihr

Wesen eindringen und für sie zu neuem Lebensatem werden – zu Belebung, Inspiration, Impuls.

„Was ist das Beste, was ein Freund für eine Seele sein kann
, für dich oder mich? Nicht nur Schutz, Trost, Ruhe – innerste Erfrischung, die nicht zum Ausdruck kommt; nicht nur ein geliebter Führer, der das Labyrinth des Lebens an unserer Seite durchwandert,
oder mit der Fackel der Liebe voran ;
Obwohl es viele davon gibt, gibt es noch mehr.

„Der beste Freund ist eine Atmosphäre, die
warm ist mit allen Inspirationen, lieb, in der wir den großen, freien Atem des Lebens atmen, das keinen Makel des Todes hat. Unser Freund ist ein unbewusster Teil jedes wahren Schlags unseres Herzens; eine Stärke, ein Wachstum, Daraus schöpfen wir die Gesundheit Gottes, die die Welt am Leben erhält."

Es gibt eine berührende und sehr eindrucksvolle Geschichte einer guten Frau in Schweden, die ein Heim für verkrüppelte und kranke Kinder eröffnete – Kinder, für die sich sonst niemand kümmern wollte. Nach einiger Zeit nahm sie etwa zwanzig dieser unglücklichen Kleinen in ihrem Haus auf. Unter ihnen war ein dreijähriger Junge, der ein äußerst schreckliches und unangenehmes Objekt war. Er ähnelte einem Skelett. Seine Haut war mit schrecklichen Flecken und Wunden bedeckt. Er jammerte und weinte ständig. Dieser arme kleine Kerl machte der guten Dame mehr Sorgen und Mühe als alle anderen zusammen. Sie tat ihr Bestes für ihn und war so freundlich wie möglich – sie wusch ihn, fütterte ihn, pflegte ihn. Aber das Kind war in seinem Aussehen und Verhalten so abstoßend, dass sie es, so sehr sie sich auch versuchte, nicht dazu durchringen konnte, ihn zu mögen, und oft zeigte sich ihr Abscheu in ihrem Gesicht, obwohl sie sich Mühe gab, ihn zu verbergen. Sie konnte das Kind nicht wirklich lieben.

Eines Tages saß sie mit diesem Kind im Arm auf der Verandatreppe. Die Sonne schien hell, und der Duft der herbstlichen Geißblätter, das Zwitschern der Vögel und das Summen der Insekten lullten sie in eine Art Schlaf. Dann, in einem halb wachen, halb träumenden Zustand, dachte sie, sie hätte mit dem Kind den Platz gewechselt und liege dort, nur noch übler, abstoßender in ihrer Sündhaftigkeit als es.

Sie sah, wie sich der Herr Jesus über sie beugte und ihr liebevoll ins Gesicht blickte, doch mit einem Ausdruck sanften Tadels in seinen Augen, als ob er sagen wollte: „Wenn ich es ertragen kann, mit dir, der du so voller Sünde bist, dann solltest du es gewiß tun.", um meinetwillen, dieses unschuldige Kind zu lieben, das für die Sünde seiner Eltern leidet."

Sie wachte plötzlich auf und sah dem Jungen ins Gesicht. Auch er war aufgewacht und sah ihr sehr ernst ins Gesicht. Sie bedauerte ihren früheren Ekel und spürte in ihrem Herzen ein neues Mitgefühl für ihn. Sie neigte ihr Gesicht zu seinem und küsste ihn so zärtlich, wie sie es immer getan hatte, als sie ihr eigenes Baby geküsst hatte. Mit einem erschrockenen Blick und einer Röte auf der Wange erwiderte der Junge ein Lächeln, das so süß war, dass sie so ein Lächeln noch nie zuvor gesehen hatte. Von diesem Moment an erlebte das Kind eine wunderbare Veränderung. Er verstand die neue Zuneigung, die anstelle von Abneigung und Abscheu im Herzen der Frau entstanden war. Dieser Hauch menschlicher Liebe verwandelte sein verdrießliches, verdrießliches Wesen in sanfte Ruhe und Schönheit. Die Frau hatte in diesem fleckigen, abstoßenden Kind eine Vision von sich selbst gesehen und von der wunderbaren Liebe Christi zu ihr trotz ihrer Sündhaftigkeit. Unter der Inspiration dieser Vision war sie für das Kind tatsächlich wie Christus geworden. Die Liebe Christi war in ihr Herz eingedrungen und strömte durch sie hindurch auf dieses arme, elende, ungerecht behandelte Leben.

Christus liebt die Unschönen, die Missgestalteten, die Abscheulichen, die Aussätzigen. Wir müssen uns nur so sehen, wie wir in seinen Augen sind, und uns dann daran erinnern, dass er uns trotz aller moralischen und spirituellen Abscheulichkeiten in uns dennoch liebt, nicht vor uns zurückschreckt und seine Hand auf uns legt, um uns zu heilen , nimmt uns mit in die innigste Gemeinschaft mit sich selbst. Diese christliche Frau hatte eine Vision von sich selbst gesehen und davon, wie Christus sie immer noch liebte und sich herabließ, sie zu segnen und zu retten; und nun war sie bereit, wie Christus zu sein, den Geist Christi zu zeigen, das Mitleid und die Liebe Christi für dieses arme, abscheuliche Kind zu sein, das auf ihrem Knie lag.

Sie hatte die Berührung Christi erhalten, indem sie die Liebe Christi in ihr Herz aufgenommen hatte. Und anders können wir es nicht erreichen. Wir müssen uns als Diener Christi sehen, die von ihm gesandt wurden, um für andere das zu sein, was er für uns ist. Dann werden wir in der Lage sein, ein Segen für jedes Leben zu sein, das unser Leben berührt. Dann werden unsere Worte vor Liebe pulsieren und ihren Weg zu den Herzen der Müden und Kummer finden. Dann wird es eine mitfühlende Qualität in unserem Leben geben, die allem, was wir tun, eine seltsame Kraft der Hilfsbereitschaft verleiht.

Ein nachdenklicher Schriftsteller sagt über Einfluss: „Ein Mensch dränge sich Christus näher und öffne seine Natur weiter, um die Kraft Christi aufzunehmen, und ob er es weiß oder nicht, es ist vielleicht besser, wenn er es tut . " Ich weiß es nicht – er wird sicherlich an Macht für Gott bei den Menschen und für die Menschen bei Gott zunehmen." Kraft für Christus erhalten wir nur, wenn wir mit dem Leben Christi selbst erfüllt werden.

Überall um uns herum gibt es Leben, kalt, freudlos und langweilig, die durch die Berührung unserer Hand, in liebevoller Wärme, im Namen Christi, auf wundersame Weise gesegnet und verwandelt würden. Jemand erzählt, dass er in einen Juwelierladen ging , um sich bestimmte Edelsteine anzusehen. Unter anderem wurde ihm ein Opal gezeigt. Als es dort lag, wirkte es jedoch matt und völlig glanzlos . Dann nahm der Juwelier es in die Hand, hielt es einige Augenblicke lang und zeigte es dann erneut seinem Kunden. Jetzt glänzte und blitzte es in der ganzen Pracht des Regenbogens. Es brauchte die Berührung und Wärme einer menschlichen Hand, um sein Schillern hervorzuheben. Überall um uns herum gibt es Menschenleben, die reich an Möglichkeiten der Schönheit und Herrlichkeit sind. Keine Edelsteine oder Juwelen sind so kostbar; aber wenn wir sie in ihrem irdischen Zustand sehen , sind sie langweilig und glanzlos , ohne Helligkeit oder Lieblichkeit. Vielleicht sind sie sogar mit Flecken bedeckt und werden von der Sünde verleugnet. Doch sie brauchen nur die Berührung der Hand Christi, um den Glanz, die Lieblichkeit und die Schönheit des göttlichen Bildes in ihnen zum Vorschein zu bringen. Und Sie und ich müssen die Hand Christi für dieses glanzlose oder befleckte Leben sein. Wenn wir sie mit unserer warmen Liebe berühren, wird der schlafende Glanz, der in ihnen ist, der vielleicht unter der Verunstaltung und dem Untergang der Sünde verborgen ist, doch noch erstrahlen, der Beginn der Herrlichkeit für sie.

KAPITEL VI.

Der Segen einer Last.

„Dann begrüße jede Zurückweisung,
die die Glätte der Erde rau macht, jeden Stachel, der befiehlt, weder sitzt,
noch steht, noch geht. Sei unsere Freude zu drei Teilen Schmerz! Bemühe
dich und halte die Anstrengung gering; lerne, respektiere den Schmerz
nicht; wage es, gönne dem niemals Groll droe!" –ROBERT BROWNING.

Es sind nicht immer die einfachsten Dinge, die auch die besten sind.
Normalerweise müssen wir für jede gute Sache ihren vollen Wert bezahlen.
Auf allen Märkten können Waren, die wenig kosten, als wenig wert eingestuft
werden. Alle unsere Segnungen können auf die gleiche Weise bewertet
werden. Wenn sie leicht und ohne großen Aufwand oder Opfer möglich sind,
ist ihr Wert für uns nicht groß. Aber wenn wir sie nur durch
Selbstverleugnung, Tränen, Angst und Schmerz erreichen können, können
wir sicher sein, dass sie das wahre Gold Gottes in ihnen verbergen. So kommt
es, dass viele unserer besten und reichsten Segnungen in irgendeiner Form
rauer Härte zu uns kommen.

Nehmen wir das, was wir Plackerei nennen. Das Leben ist voll davon. Es
beginnt in der Kindheit. Es gibt die Schule mit ihren festen Stunden, ihren
Unterrichtsstunden, Regeln, Tischen, Aufgaben und Rezitationen. Wenn wir
dann erwachsen werden, geht es genauso weiter wie in der Kindheit, anstatt
dieser Fesseln der Routine, dieser endlosen Plackerei zu entkommen. Es
bedeutet, jeden Morgen zur gleichen Stunde aufzustehen, sich eilig den
Aufgaben des Tages zu widmen und immer wieder die gleichen Dinge zu tun,
sechs Tage in der Woche, zweiundfünfzig Wochen im Jahr und so weiter, bis
zum Ende des Lebens. Für die große Mehrheit von uns gibt es im Laufe der
langen Jahre fast keine Pause im monotonen Alltag. Viele von uns seufzen
und wünschen sich, wir könnten uns irgendwie von dieser endlosen Routine
befreien. Für uns ist es eine schmerzhafte Knechtschaft und keineswegs das
Ideal eines edlen und schönen Lebens.

Aber wirklich, das Beste im Leben entsteht aus dieser Knechtschaft. Ein
neuerer Autor schlägt eine neue Seligkeit vor: „Gesegnet sei die Plackerei."
Er erinnert uns daran, dass keine biblische Seligkeit leicht zu erreichen ist,
sondern dass jede einzelne von ihnen die Frucht einer Erfahrung von Härte
oder Schmerz ist. Er zeigt uns, dass die Strapazen des Lebens, so ermüdend
und unangenehm sie auch sein mögen, reiche Schätze des Guten und Segens
hervorbringen. Plackerei, sagt er uns, sei das Geheimnis aller Kultur. Als
Grundlagen eines starken, feinen Charakters nennt er „die Fähigkeit der
Aufmerksamkeit, die Kraft des Fleißes, die Schnelligkeit beim Beginn der

Arbeit, die Methode, die Genauigkeit und die Schnelligkeit bei der Erledigung der Arbeit, die Beharrlichkeit, den Mut vor Schwierigkeiten, den Mut unter belastenden Lasten und die Selbstbeherrschung. Selbstverleugnung; Mäßigkeit"; und behauptet, dass diese Qualitäten nirgendwo anders erreicht werden können als in der endlosen Mühsal und dem Druck jener Routineaufgaben, die wir Plackerei nennen. „Das liegt daran, dass wir jeden Morgen, trotz Regen, Sonnenschein, Kopf- und Kummer, zum vereinbarten Ort gehen und die festgelegte Arbeit verrichten müssen; weil und nur weil wir uns bis zum Achtertag an diese Arbeit halten müssen oder zehn Stunden, lange nach der Ruhe, wären so süß; weil die Lektionen des Schuljungen um neun Uhr gelernt werden müssen, und zwar ohne Ausrutscher; weil die Konten im Hauptbuch auf einen Cent genau sein müssen; weil die Waren stimmen müssen genau mit der Rechnung; weil gute Laune gegenüber Kindern, Kunden, Nachbarn nicht siebenmal, sondern siebzigmal siebenmal bewahrt werden muss; weil die lästige Sünde heute, morgen, am nächsten Tag beachtet werden muss; kurz gesagt, ... Nur wegen des Trotts, des Trampelns, des Schleifens und Brummens in der Arbeit bekommen wir endlich die Grundlagen gelegt, die für jeden edlen Charakter von wesentlicher Bedeutung sind.

Daher ist die einfachste und mühsamste Aufgabe unseres Lebens ein Segen für uns. „Gesegnet sei die Plackerei" ist wirklich eine Seligkeit. Wir alle brauchen die Disziplin dieses unermüdlichen Trampelns, um uns zu einem schönen Charakter zu entwickeln. Selbst die schönsten Blumen müssen ihre Wurzeln in der gemeinsamen Erde haben; Daher entstehen viele der süßesten Dinge im menschlichen Leben aus dem Boden der Plackerei. „Sei du, oh Mensch, wie die Rose. Ihre Wurzel liegt zwar in Schmutz und Schlamm, aber ihre Blüten verströmen immer noch Anmut und Duft."

Nehmen Sie sich die Kämpfe und Konflikte des Lebens noch einmal vor Augen. In der Erfahrung jedes Einzelnen gibt es Hindernisse, Hemmnisse und Schwierigkeiten, die ein erfolgreiches Leben erschweren. Jeder muss sich durch Reihen von Widerständen vorwärts und aufwärts bewegen. Das trifft auf das physische Leben zu. Mit jedem geborenen Baby beginnt ein Kampf ums Dasein. Siegreich sein und leben oder unterliegen und sterben? ist die Frage, die jeder in die Wiege legt, und nur die Hälfte der geborenen Babys erreichen das Teenageralter. Danach ist das Leben bis zu seinem Ende ein ständiger Kampf mit den vielfältigen Formen körperlicher Gebrechen. Wenn wir alt werden, müssen wir es durch den Sieg über den unaufhörlichen Gegensatz von Unfall und Krankheit erreichen.

Das Gleiche gilt für den geistigen Fortschritt. Es muss gegen Widerstand gemacht werden. Es ist nie einfach, Gelehrter zu werden oder intellektuelle Kultur zu erlangen. Es bedarf jahrelanger Studien und Disziplin, um die geistigen Fähigkeiten zu fördern und zu schulen. Ein träger, selbstgefälliger

Schüler mag es leicht haben; er beschäftigt sich nie mit schwierigen Problemen; Er lässt die harten Dinge durchgehen, ohne sein Gehirn damit zu belasten. Doch indem er sich der Last entzieht, entgeht ihm der Segen, der für ihn darin lag. Der einzige Weg zu den Freuden und Belohnungen der Wissenschaft ist der geduldige und beharrliche Einsatz.

Das gilt auch für das spirituelle Leben. In dem Moment, in dem wir uns zu Christi Füßen entschließen, Christen zu sein, wahre Männer oder Frauen zu sein, der Sünde abzuschwören, Gott zu gehorchen und unsere Pflicht zu erfüllen, betreten wir eine Welt voller Feindseligkeit und Opposition. Es kommt nie der Tag, an dem wir ohne Anstrengung, ohne Widerstand gegen falsche Einflüsse, ohne Kampf gegen die Macht der Versuchung edel und würdig leben können. Es wird nie einfach, gut zu sein. Immer liegt das Kreuz zu unseren Füßen und täglich muss es auf uns genommen und getragen werden, wenn wir Christus nachfolgen wollen. Wir neigen dazu, diesem endlosen Kampf überdrüssig zu werden und entmutigt zu werden, weil es darin weder Ruhe noch Entspannung gibt.

Aber auch hier lernen wir, dass wir gerade aus solchen Kämpfen den Edelmut und die Schönheit des Charakters erlangen müssen, nach dem wir streben. Einer der alten schottischen Märtyrer trug auf seinem Wappen das Motto „ *Sub Pondere* ". *cresco* („Ich wachse unter einer Last"). Auf dem Kamm stand eine Palme, an deren Wedeln Gewichte hingen. Trotz der Gewichte stand der Baum gerade wie ein Pfeil und hob seine Krone aus anmutigem Laub hoch in die ruhige Luft. Es ist bekannt, dass die Palme am besten wächst, wenn sie mit Gewichten belastet ist. So bezeugte dieser Märtyrer, dass er, wie der schöne Baum des Orients, in seinem spirituellen Leben unter Gewichten am besten wuchs.

Dies ist das universelle Gesetz des spirituellen Wachstums. Es muss Widerstand, Kampf, Konflikt geben, sonst kann es keine Kraftentwicklung geben. Wir neigen dazu, diejenigen zu bemitleiden, deren Leben Schauplätze von Mühe und Not sind, aber Gottes Engel haben kein Mitleid mit ihnen, wenn sie nur siegreich sind; denn in ihrer Überwindung steigen sie täglich hinauf zu den heiligen Höhen der Heiligkeit. Die Seligpreisungen in der Apokalypse sind alle für Überwinder. Die Belohnungen und Kronen des Himmels liegen jenseits der Schlachtfelder. Das spirituelle Leben braucht immer Widerstand. Unter widrigen Umständen gedeiht es am üppigsten. Unter Gewichten wachsen wir am besten. Wir finden unseren größten Segen in den Lasten, die wir fürchten, auf uns zu nehmen.

Das Wort „Charakter" ist in seinem Ursprung suggestiv. Es stammt von einer Wurzel, die „ritzen", „einritzen", „in Furchen schneiden" bedeutet. Dann bedeutet es das, was in irgendetwas eingraviert oder eingeschnitten ist. Im Leben ist es also das, was einen Schnitt oder eine Furche in der Seele erfährt.

Ein Baby hat keinen Charakter. Sein Leben ist wie ein Stück weißes Papier, auf dem noch nichts geschrieben ist; oder es ist wie eine glatte Marmortafel, in die der Bildhauer noch nichts geschnitten hat; oder die Leinwand, die auf die Farben des Malers wartet. Der Charakter formt sich im Laufe der Jahre. Es ist das Schreiben – das Lied, die Geschichte, auf Papier gebracht. Es ist die Gravur, die Bildhauerei, die der Marmor unter dem Meißel erhält. Es ist das Bild, das der Künstler auf die Leinwand malt. Der endgültige Charakter ist das, was ein Mann ist, wenn er alle seine irdischen Jahre durchlebt hat. Beim Christen sind es die Linien des Ebenbildes Christi, die der göttliche Geist durch die Gnade und die Erfahrungen seines eigenen Lebens in seine Seele eingeprägt, manchmal zerfurcht und vernarbt hat.

Ich sah eine wunderschöne Vase und fragte nach ihrer Geschichte. Einst war es ein Klumpen gewöhnlichen Lehms, der in der Dunkelheit lag. Dann wurde es grob ausgegraben und in der Mühle zerkleinert und gemahlen, dann auf das Rad gelegt und geformt, dann poliert und getönt und in den Ofen gegeben und verbrannt. Endlich, nach vielen Prozessen, stand es auf dem Tisch, ein Juwel von anmutiger Schönheit. In gewisser Weise analog dazu wird jeder edle Charakter geformt. Zunächst ist es ein gewöhnlicher Ton, der tausend Prozesse und Erfahrungen durchläuft, von denen viele hart und schmerzhaft sind, bis er schließlich vor Gott präsentiert wird, makellos in seiner Schönheit und mit den Zügen Christi selbst.

Spirituelle Schönheit kann niemals ohne Kosten erreicht werden. Der Segen ist immer in der Last verborgen und kann nur erlangt werden, indem man die Last nimmt. Das Selbst muss sterben, wenn das Gute in uns leben und strahlen soll. Michael Angelo pflegte zu sagen, als die Splitter vom Marmor auf dem Boden seines Ateliers flogen: „Während der Marmor vergeht, wächst das Bild." Es muss eine Selbstverschwendung stattfinden, ein fortwährendes Abschneiden von Dingen, die der Natur lieb sind, wenn die Dinge, die wahr, gerecht, ehrenhaft, rein und lieblich sind, im Leben zum Vorschein kommen sollen. Die Murmel muss vergehen, während das Bild wächst.

Dann nimm das Leiden. Auch hier gilt das gleiche Gesetz. Jeder Mensch leidet. Augustinus sagte: „Gott hatte einen Sohn ohne Sünde; er hat keinen ohne Leid." Vom ersten Schrei im Säuglingsalter bis zum schmerzerfüllten Ende des Lebens des alten Mannes ist Leiden eine Existenzbedingung. Es kommt in vielfältigen Formen vor. Jetzt ist es krank; Der Körper wird von Schmerzen oder Brennen im Fieber geplagt. Krankheit ist oft eine schwere Belastung. Doch selbst diese Last birgt für den Christen einen Segen. Eine richtig ertragene Krankheit macht uns besser. Es löst die Fesseln der Welt. Es reinigt das Herz. Es nüchtern den Geist. Es richtet den Blick gen Himmel. Es entfernt einen Großteil der Illusion des Lebens und deckt seine besseren Realitäten auf. Krankheit in einem Haus des Glaubens, des Gebets und der

Liebe erweicht die Herzen aller Familienmitglieder, vertieft das Mitgefühl und bringt die ganze Familie näher zusammen.

Probleme gibt es in vielen anderen Formen. Es kann eine bittere Enttäuschung sein, die über ein junges Leben kommt, wenn die Liebe nicht wahr war oder wenn sich der Charakter als unwürdig erwiesen hat und die schönen Blüten der Hoffnung zu toten Blättern unter den Füßen werden. Es gibt Leben, die den Schmerz ertragen und die verborgenen Erinnerungen an eine solche Trauer über viele Jahre hinweg tragen, sodass sie im Herzen traurig sind, selbst wenn sie im süßesten Sonnenschein wandeln.

Oder es kann das Scheitern einer anderen Hoffnung sein, etwa wenn man tagelang und jahrelang einem strahlenden, ehrgeizigen Traum gefolgt ist und es nur für einen Traum gehalten hat. Oder es kann die schärfere, bitterere Trauer sein, die einen überkommt, wenn es einem Freund – einem Kind, einem Bruder oder einer Schwester, einem Ehemann oder einer Ehefrau – schlecht geht. In einem solchen Fall kann selbst der göttliche Trost den Schmerz des Herzens nicht heilen; Die Liebe kann nur leiden, und es gibt keine Hand, die den Schmerz lindern kann. Der Schmerz, den die Liebe wegen der Sünden anderer erleidet, gehört zu den traurigsten Sorgen der Welt.

Es gibt Kummer, die keinen Schleier an die Türklingel hängen, die keine schwarzen Gewänder tragen, die keine Fensterläden schließen, die keine Tränen vergießen, die Menschen sehen können, die kein Mitgefühl finden können außer dem des gesegneten Christus und vielleicht eines Menschen, der ihnen am nächsten steht Bruder, und muss vor den Menschen lächeln und mit der Lebensarbeit fortfahren, als ob alles Freude im Herzen wäre. Wenn wir das Innenleben vieler Menschen kennen würden, denen wir begegnen, würden wir sehr sanft mit ihnen umgehen und die Dinge in ihnen entschuldigen, die uns seltsam oder exzentrisch erscheinen. Sie tragen die Last heimlicher Trauer. Wir fangen nicht an, die Sorgen unserer Brüder zu kennen.

Es besteht keine Notwendigkeit, die alte, aber immer neue Frage des menschlichen Herzens zu lösen: „Warum lässt Gott so viel Leid in seinen Kindern zu?“ Es ist müßig, diese Frage zu stellen, und alle Versuche, sie zu beantworten, sind nicht nur vergeblich, sondern sogar respektlos. Eines können wir jedoch sicher sein: In jedem Schmerz und jeder Prüfung steckt ein Segen. Wir vermissen es vielleicht, aber es ist da, und der Verlust liegt bei uns, wenn wir es nicht bekommen. Jede Nacht der Trauer trägt in ihrem dunklen Schoß ihre eigenen Lampen des Trostes. Die Dunkelheit der Trauer und Prüfung ist voller Segnungen.

„Die Dunkelheit hat viele wertvolle Vorteile;
die Dunkelheit destilliert göttlichsten Tau; die Dunkelheit ist reich an
Nachtigallen, an Träumen und an der himmlischen Muse."

„Von Ärger, von Dunkelheit, von Dornen, von Kälte,
beschwere dich nicht, mein Herz, für diese Bank im Strom des Willens."

Die gesegnetsten Leben auf der Welt sind diejenigen, die die Last des Leidens
getragen haben. „Wo, denken Sie", fragt James Martineau, „hört der
himmlische Vater die Töne tiefster Liebe und sieht auf dem erhobenen
Gesicht das Licht tiefster Dankbarkeit? Nicht dort, wo seine Gaben am
üppigsten sind, sondern dort, wo sie am dürftigsten sind." ; nicht in den
Hallen erfolgreicher Ambitionen oder auch nur in den Behausungen
ungebrochenen häuslichen Friedens; sondern dort, wo der Ausgestoßene,
der der Verfolgung entflieht, am Abend auf den Felsen kniet, auf denen er
schläft; am frischen Grab, wo, wie die Erde ist geöffnet, öffnet sich auch der
Himmel als Antwort; am Kissen des erschöpften Leidenden, wo das
eingefallene Auge, dem der Schlaf verweigert wurde, mit den stillen Sternen
spricht und die hohle Stimme in leisem Gebet die dürftige Liste von
Tröstungen, die leicht zu merkenden Segnungen usw. aufzählt die verkürzte
Geschichte der Hoffnungen. Genial, fast wie ein Wunder, ist der Boden der
Trauer, in dem der kleinste Samen der Liebe, wenn er rechtzeitig fällt, zu
einem Baum wird, in dessen Laub die Vögel des gesegneten Gesangs wohnen
und unaufhörlich singen.

Die wirklich glücklichsten, süßesten und zärtlichsten Häuser sind nicht
diejenigen, in denen es keinen Kummer gab, sondern diejenigen, die von
Trauer überschattet wurden und in denen der Trost Christi angenommen
wurde. Die bloße Erinnerung an die Trauer ist ein sanfter Segen, der immer
über dem Haus schwebt, wie das Nachglühen des Sonnenuntergangs, wie die
Stille, die nach dem Gebet kommt.

In jeder Last der Trauer steckt ein von Gott gesandter Segen, den wir nicht
wegwerfen sollten. In einer der Schlachten auf der Krim schlug eine
Kanonenkugel in eine Festung ein, riss die Erde auf und beeinträchtigte auf
traurige Weise die Gartenschönheit des Ortes. Aber aus dem häßlichen
Abgrund sprudelte eine Wasserquelle, die danach weiter floss, eine lebendige
Quelle. So reißen die Schläge des Kummers in unser Herz und hinterlassen
oft Wunden und Narben, aber sie öffnen für uns Quellen reichen Segens und
neuen Lebens.

„Dann flüsterte Kummer sanft: „Nimm
diese Last auf dich. Hab keine Angst. Eine Stunde ist kurz. Du wirst kaum
zu dem Bewusstsein erwachen, dass ich meine Hand auf dich gelegt habe,
wenn die Stunde vergangen sein wird; und dann freue ich mich um die

kurze Zeit." Die erhebende Kraft des Schmerzes, Du wirst Mitleid mit den trauerlosen Menschen haben."'

Dies sind Hinweise auf den Segen von Lasten. Wenn wir unsere langweilige Aufgabenarbeit annehmen, werden wir einen starken und edlen Charakter entwickeln. Unsere Versuchungen und Nöte, denen wir siegreich begegnet sind, bilden in unseren Seelen Wurzeln und Sehnen der Stärke. Unser Schmerz und unsere Trauer, die wir mit süßem Vertrauen und Unterwerfung ertragen, hinterlassen in uns ein gereinigtes und bereichertes Leben, mit mehr von Christus in uns. In jeder Last, die Gott uns auferlegt, liegt ein Segen für uns, wenn wir ihn nur auf uns nehmen.

Kapitel VII.

HERZFRIEDEN VOR DEM MINISTERIUM.

„Wie der Stern
, der in der Ferne leuchtet, ohne Eile und ohne Ruhe, lass jeden Mann mit stetigem Schwung die Aufgabe umrunden, die den Tag beherrscht, und sein Bestes geben." -GOETHE.

Frieden im Herzen ist eine der Voraussetzungen für gute Arbeit. Wir können in nichts unser Bestes geben, wenn wir verärgert und ängstlich sind. Ein fiebriges Herz führt zu einem entzündeten Gehirn, einem getrübten Auge und einer unsicheren Hand. Die Menschen, die wirklich am meisten erreichen und die besten Ergebnisse erzielen, sind diejenigen mit einem ruhigen, selbstbeherrschten Geist. Wer nervös und aufgeregt ist, ist möglicherweise immer beschäftigt und steht immer unter dem Druck der Eile; aber am Ende leisten sie viel weniger Arbeit, als wenn sie ruhig und stetig arbeiten würden und nie in Eile wären.

Nervöse Eile behindert immer die Eile. Es leistet fehlerhafte Arbeit, und am Ende tut es nur wenig davon. Wirklich schnelle Arbeiter sind in ihren Bewegungen stets bedächtig und scheinen es nie eilig zu haben; Und doch gehen sie schnell von Aufgabe zu Aufgabe und erfüllen jede Aufgabe gut, weil sie ruhig und unbeirrt sind und mit ihrem Verstand mit klarem Blick, festen Nerven und geschickter Hand arbeiten .

Ein bedeutender französischer Chirurg pflegte seinen Studenten zu sagen, wenn sie mit schwierigen und heiklen Operationen beschäftigt waren, bei denen Kühle und Festigkeit gefragt waren: „Meine Herren, beeilen Sie sich nicht, denn es gibt keine Zeit zu verlieren."

Die Menschen in allen Dienstbereichen, die die meiste Arbeit leisten, sind die ruhigsten und gemächlichsten Menschen in der Gemeinschaft. Pflichten jagen in ihrem Leben nie wild aufeinander. Eine Aufgabe verdrängt niemals eine andere und zwingt niemals zu einer eiligen und daher unvollkommenen Ausführung. Der ruhige Geist arbeitet methodisch, indem er eine Sache nach der anderen erledigt und sie gut macht; und daher arbeitet es schnell, ohne jedoch den Eindruck zu erwecken, dass es in Eile geht.

Wir brauchen den Frieden Gottes in unserem Herzen, um die kleinen Dinge unseres weltlichen Lebens ebenso gut zu erledigen wie um die größten Pflichten im Reich Christi zu erfüllen. Unser Gesicht sollte strahlen, und unser Geist sollte ruhig sein, und unser Auge sollte klar sein, und unsere Nerven sollten stabil sein, während wir uns an die Aufgaben unseres alltäglichen Lebens drängen. Dann werden wir sie alle gut machen, nichts verwischen und nichts verunstalten. Wir wünschen uns Herzensfrieden, bevor wir mit den Pflichten eines Tages beginnen, und wir sollten zu Christi Füßen warten, bis seine beruhigende Berührung unser Herz berührt , bevor wir weitergehen.

Besonders in der spirituellen Arbeit gilt, dass wir das Geheimnis des Friedens kennen müssen, bevor wir anderen im Namen unseres Meisters schnell oder effektiv dienen können. Fieberhaftigkeit des Geistes macht die Hand bei heiklen Pflichten unfähig . Ein unruhiges Herz kann anderen unruhigen Herzen keinen Trost spenden; es muss erst einmal ruhig und still werden. Es wird oft gesagt, dass jemand, der gelitten hat, bereit ist, anderen im Leid zu helfen; Dies gilt jedoch nur, wenn man siegreich gelitten hat und aus dem tiefen, dunklen Tal des Schmerzes und der Tränen zu den strahlenden Berggipfeln des Friedens hinaufgestiegen ist. Ein untröstlicher Trauernder kann einem anderen in Trauer keinen Trost spenden. Jemand, dessen Herz noch verärgert und unruhig ist , kann kein Arzt für Herzen mit blutenden Wunden sein. Wir müssen zuerst selbst von Gott getröstet worden sein, bevor wir andere in ihren Schwierigkeiten trösten können.

Das Gleiche gilt für jeden geistlichen Dienst. Wir brauchen eine ruhige Hand, um das Werk des Reiches Christi zu berühren. Eines der früheren Wunder unseres Herrn veranschaulicht diese Wahrheit. Jesus wurde berufen, eine Frau zu heilen, die an starkem Fieber litt. Eines der Evangelien beschreibt die Heilung mit folgenden treffenden Worten: „Er berührte ihre Hand, und das Fieber verließ sie; und sie stand auf und diente ihnen.“ Wir verstehen diesen Bericht leicht, da er sich in erster Linie auf die körperliche Heilung bezieht, die unser Herr bewirkt hat. Wir wissen natürlich, dass die Frau nicht in der Lage war, sich um andere zu kümmern, während sie unter dem Fieber litt. Wenn eine schwere Krankheit kommt, müssen die fleißigsten und vollsten Hände ihre Aufgaben aufgeben. Egal wie wichtig die Arbeit ist, wie wesentlich sie auch erscheinen mag, sie muss niedergelegt werden, wenn eine schmerzhafte Krankheit uns erfasst. Wir müssen von unserem Fieber geheilt werden, bevor wir dienen können.

Aber es gibt noch andere Fieber als die, die im menschlichen Körper brennen. Es gibt Herzfieber, das in uns wüten kann, selbst wenn unser Körper bei vollkommener Gesundheit ist. Wir finden Menschen mit fiebrigem Geist – unglücklich, unzufrieden, verärgert, besorgt, vielleicht ununterwürfig und rebellisch. Oder sie sind im Fieber der Angst oder Furcht. Diese inneren Fieberzustände sind ein schlimmeres Übel als bloße körperliche Krankheiten. Im Krankheitsfall ist es besser, das Fieber unseres Herzens zu lindern, auch wenn wir unsere Schmerzen länger ertragen müssen, als unsere körperliche Gesundheit wiederherzustellen und gleichzeitig unsere Verärgerung und Ungeduld unbehandelt zu lassen.

Wir können nicht dienen, während uns Herzfieber jeglicher Art befällt. Wir machen vielleicht mit unserer Arbeit weiter, aber wir können sie nicht gut machen, und es wird wenig Segen mit sich bringen. Unzufriedenheit beeinträchtigt den Nutzen eines jeden Lebens. Jesus liebte Martha und nahm ihren Dienst an, weil er wusste, dass sie ihn liebte; aber er sagte ihr deutlich, dass ihr Fieber nicht schön sei und dass es den Wert und die volle Annehmlichkeit der guten Arbeit, die sie geleistet habe, schmälere; und er wies sie auf Marias stillen Frieden als eine bessere Art zu leben und zu dienen hin. Ängste jeglicher Art machen uns in gewissem Maße ungeeignet für die Arbeit. Erst wenn Christus kommt, seine Hand auf unser Herz legt und sein Fieber heilt, sind wir bereit, in seinem Namen auf die wirksamste Weise zu dienen.

Es gibt eine kleine Geschichte aus dem Leben einer vielbeschäftigten Frau, die diese Lektion veranschaulicht. Sie war Mutter einer großen Familie und musste aufgrund ihrer einfachen Verhältnisse ihre Arbeit selbst erledigen. Manchmal verlor sie in der Vielzahl ihrer Aufgaben und Sorgen die Süße ihres Friedens und wurde wie Martha beunruhigt und besorgt, weil sie ihr so viel diente. Eines Morgens war sie ungewöhnlich in Eile gewesen und es war nicht alles glatt gelaufen. Sie musste Frühstück für ihre Familie besorgen, sich um ihren Mann kümmern, der früh zur Arbeit eilte, und ihre Kinder für die Schule vorbereiten. Es gab andere Haushaltspflichten, die die Hände der armen, schwachen Frau füllten, bis ihre Kräfte fast völlig erschöpft waren. Und sie hatte das alles an diesem Morgen nicht auf sanfte, friedliche Weise durchgemacht. Sie hatte zugelassen, dass sie die Geduld verlor und unruhig, verärgert und unglücklich wurde. Sie hatte schnelle, hastige und gereizte Worte zu ihrem Mann und ihren Kindern gesprochen. Ihr Herz war den ganzen Morgen über im Fieber der Gereiztheit und Unruhe gewesen.

Als die Kinder weg waren, die dringenden Aufgaben erledigt waren und alles still im Haus war, kroch die müde Frau nach oben in ihr eigenes Zimmer. Sie war sehr entmutigt. Sie hatte das Gefühl, dass ihr Morgen äußerst unbefriedigend gewesen war; dass sie ihre Pflicht leider nicht erfüllt hatte; dass sie ihren Meister durch ihren Mangel an Geduld und Sanftmut betrübt und das Leben ihrer Kinder durch ihre Verärgerung und ihre schlecht gelaunten Worte verletzt habe. Sie schloss ihre Tür, nahm ihre Bibel und las die Geschichte von der Heilung der kranken Frau: „Er berührte ihre Hand, und das Fieber verließ sie; und sie stand auf und diente ihnen."

"Ah!" sagte sie: „Wenn ich diese Berührung gehabt hätte, bevor ich mit meiner morgendlichen Arbeit begonnen hätte, wäre das Fieber von mir gegangen und ich hätte bereit sein müssen, meiner Familie freundlich und friedlich zu dienen." Sie hatte gelernt, dass sie die Berührung Christi brauchte, um für einen schönen und sanften Dienst bereit zu sein.

Im Gegensatz zu dieser Geschichte, die die gesegnete Süße und den heiligen Einfluss eines Lebens zeigt, das morgens von Christus berührt wird, gibt es diesen Bericht von Erzdiakon Farrar über seine Mutter: „Meine Mutter hatte die Gewohnheit, jeden Tag unmittelbar nach dem Frühstück etwas zu tun Sie zog sich für eine Stunde in ihr eigenes Zimmer zurück und verbrachte diese Stunde damit, die Bibel zu lesen, zu meditieren und zu beten. Aus dieser Stunde schöpfte sie wie aus einer reinen Quelle die Kraft und die Süße, die es ihr ermöglichten, alles zu erfüllen, was sie wollte Pflichten gerecht zu werden und sich von all den Sorgen und Kleinlichkeiten nicht aus der Ruhe bringen zu lassen, die so oft die unerträgliche Prüfung enger Nachbarschaften darstellen. Wenn ich an ihr Leben und an alles, was es ertragen musste, denke, sehe ich den absoluten Triumph der christlichen Gnade in dem schönen Ideal einer christlichen Dame. Ich sah nie, wie ihr Temperament gestört wurde; ich hörte sie nie ein Wort des Zorns oder der Verleumdung oder des eitlen Klatsches sagen. Ich bemerkte bei ihr nie das Anzeichen eines einzigen Gefühls, das einer Seele, die davon getrunken hatte, unpassend war der Fluss des Wassers des Lebens, der sich in der kargen Wildnis von Manna ernährt hatte. Die Welt ist umso besser, wenn solche Seelen über ihre Oberfläche reisen. Sie scheinen ebenso vergessen zu sein wie die Regentropfen, die in das karge Meer fallen, aber jeder Regentropfen vergrößert die Menge des erfrischenden und reinigenden Wassers. „Die Heilung der Welt liegt in ihren namenlosen Heiligen." „Ein einzelner Stern scheint nichts zu sein, aber tausend verstreute Sterne unterbrechen die Nacht und machen sie schön."

Es gibt viele vielbeschäftigte Mütter, für die diese Lektion fast wie eine Offenbarung sein könnte. Keine Hände sind voller Aufgaben, kein Herz ist voller Sorgen als die Hände und das Herz einer Mutter einer großen Familie mit kleinen Kindern. Es ist kein Wunder, dass sie unter dem Druck der Fürsorge, der auf ihr lastet, manchmal ihre Sanftmut verliert. Aber diese Lektion ist es wert, gelernt zu werden. Mögen die Mütter jeden Morgen vor Beginn ihrer Arbeit auf den Knien darauf warten, dass die Hand Christi ihr Herz berührt. Dann wird das Fieber sie verlassen und sie können sich mit ruhigem Frieden an die Arbeit des langen, harten Tages machen.

Die Lektion gilt jedoch für uns alle. Wir sind nicht in der Lage, gute Arbeit jeglicher Art zu leisten, wenn wir gestresst und ängstlich sind. Nur wenn der Friede Gottes in unserem Herzen ist, sind wir bereit für einen wahren und wirklich hilfreichen Dienst. Ein fieberndes Herz macht ein besorgtes Gesicht, und ein besorgtes Gesicht wirft einen Schatten. Ein unruhiger Geist verdirbt das Temperament und die Gemütsverfassung. Es ist ungeeignet, andere zu trösten, ihnen Trost und Inspiration zu spenden und das Leben anderer mit guten und hilfreichen Impulsen zu berühren. Der Frieden muss vor dem Dienst kommen. Wir müssen unser Fieber heilen lassen, bevor wir zur Arbeit gehen. Daher sollten wir jeden neuen Tag zu Füßen des Meisters beginnen und seine kühlende, beruhigende Berührung auf unserer heißen Hand erfahren. Dann, und erst dann, werden wir bereit sein, in seinem Namen gute Dienste zu leisten.

KAPITEL VIII.

Moralische Krümmungen.

„Ich denke, wir sind in dieser schönen Welt Gottes zu bereit, uns zu beschweren. Hätten wir in der Tat keine Hoffnung jenseits des Zenits und des Abhangs deines grauen, leeren Himmels, würden wir vielleicht schwach werden, um über die Zwänge der Ewigkeit um unsere angehenden Seelen herum nachzudenken; aber seit dem
Der Umfang muss früh erweitert werden. Ist es gut, hängen zu bleiben? Für ein paar Tage, die in Verlust und Makel verzehrt werden?" -FRAU. BRÄUNUNG.

Die Wunder unseres Herrn sind Gleichnisse in der Tat. Eine Frau kam zu ihm, fast gebeugt, und ging gerade weg. Die menschliche Form ist auf Aufrichtigkeit ausgelegt. Dies ist eines der Merkmale des Adels beim Menschen, im Gegensatz zum herabbeugenden Blick anderer Tiere. Der Mensch ist das einzige Lebewesen, das diese aufrechte Form trägt. Es ist ein Teil des Bildes Gottes auf ihm. Es weist auf himmlisches Streben, Hunger nach Gott, Verlangen nach reinen und erhabenen Dingen und die Fähigkeit zur unsterblichen Seligkeit hin. Es erzählt von der Hoffnung und Heimat des Menschen über der Erde, jenseits der Sterne. Ein alter Schriftsteller sagt: „Gott gab dem Menschen ein nach oben gerichtetes Gesicht und befahl ihm, zum Himmel zu schauen und sein erhobenes Antlitz zu den Sternen zu erheben." Das griechische Wort für „Mensch" bedeutete den nach oben Schauenden. Das Biegen der Form und des Gesichts nach unten, zur Erde hin, war schon immer das Symbol einer Seele, die sich unwürdig den niederen Dingen zuwandte und ihre wahre Heimat vergaß. Milton hat diesen Gedanken, als er Mammon beschreibt:

„Mammon, der am wenigsten aufgerichtete Geist, der
vom Himmel fiel; denn selbst im Himmel waren seine Blicke und
Gedanken immer nach unten gerichtet."

Der Blick in die Augen eines Mannes zeigt, wo sein Herz ist, wohin seine Wünsche gehen und wohin er tendiert, wie sein Leben wächst.

Es gibt sehr viele verdorbene Menschen auf der Welt. Körperliche Krümmung kann durch Unfall oder Krankheit verursacht werden und ist kein Zeichen einer geistigen Krümmung. Mancher deformierte Körper ist die Heimat einer edlen und heiligen Seele, deren Augen und Sehnsüchte nach oben auf Gott gerichtet sind. Ich erinnere mich an eine Frau in meiner ersten Gemeinde, die damals vierzehn Jahre lang auf ihrem Stuhl gesessen hatte, unfähig, Hände oder Füße zu heben, jedes Gelenk gestreckt, ihr abgemagerter Körper furchtbar gebeugt. Dennoch hatte sie ein verklärtes

Gesicht, das von einer wunderschönen Seele in ihrem Inneren zeugte. Freude und Frieden strahlten durch diesen armen, gequälten Körper. Krankheit kann die aufrechte Gestalt nach unten ziehen, bis all ihre Schönheit verschwunden ist, und das Innenleben kann inzwischen aufrecht sein wie ein Engel, dessen Augen und Sehnsüchte nach oben auf Gott gerichtet sind.

Aber es gibt krumme Seelen – Seelen, die gebeugt sind. Dies kann sogar dann der Fall sein, wenn der Körper gerade wie ein Pfeil ist. Es gibt Männer und Frauen, deren Formen wegen ihrer Aufrichtigkeit, ihrer anmutigen Proportionen, ihrer geschmeidigen Bewegungen und ihrer schönen Gesichtszüge bewundert werden, deren Seelen jedoch erniedrigt sind, deren Wünsche unterwürfig sind, deren Charaktere traurig deformiert und deformiert sind.

Sünde verbiegt immer die Seele. Viele junge Männer kommen aus einem heiligen Zuhause in der Schönheit und Stärke der Jugend, tragen die unbefleckten Gewänder der Unschuld, mit klarem und erhobenem Blick, mit dem Streben nach edlen Dingen, mit erhabenen Hoffnungen; doch ein paar Jahre später erscheint er als erniedrigter und ruinierter Mann, dessen Seele traurig nach unten geneigt ist. Die Beugung beginnt mit einem leichten Nachgeben gegenüber der Sünde, aber die Tendenz wächst unkontrolliert und verankert sich im Leben in einer dauerhaften moralischen Entstellung.

Ein Bühnenfahrer hatte viele Jahre lang die Leitungen gehalten, und als er älter wurde, waren seine Hände zu Haken gebogen und seine Finger waren so steif, dass sie sich nicht mehr ausstrecken ließen. Es gibt einen ähnlichen Prozess, der in den Seelen der Menschen abläuft, wenn sie immer wieder die gleichen Dinge tun. Wer von Kindheit an darauf trainiert wird, sanft, freundlich und geduldig zu sein, sein Temperament zu beherrschen, sanft zu sprechen, liebevoll und barmherzig zu sein, wird in die strahlende Schönheit der Liebe hineinwachsen. Wer sich daran gewöhnt, ständig und nur an edle und würdige Dinge zu denken, wer seine Zuneigung auf höhere Dinge richtet und danach strebt, „alles zu erreichen, was wahr ist, alles, was ehrlich ist, alles, was rein ist, alles, was lieblich ist", wird es tun wächst kontinuierlich nach oben, hin zur spirituellen Schönheit. Aber wenn man andererseits von Kindheit an allen hässlichen Launen, allen Grollgefühlen, aller Bitterkeit und Wut nachgibt, wird sich sein Leben in die Unschönheit dieser Gesinnungen verwandeln. Jemand, dessen Geist sich erniedrigenden, unheiligen und unreinen Dingen zuwendet, wird feststellen, dass sich seine ganze Seele in permanenter moralischer Krümmung der Erde zuneigt und wächst.

Es gibt auch eine Beeinträchtigung des Lebens durch Kummer. Die Erfahrung der Trauer ist kaum weniger gefährlich als die der Versuchung. Die allgemeine Überzeugung ist, dass Trauer die Menschen immer besser macht. Aber das ist nicht wahr. Wenn sich der Leidende Gott mit liebevollem

Vertrauen unterwirft und durch Glauben siegt, ist das Ergebnis der Trauer ein Segen und ein Gutes. Aber viele sind von ihrer Trauer niedergeschlagen. Sie geben ihm nach, und er drückt sie unter seinem Gewicht zu Boden. Sie wenden ihre Gesichter vom Blau des Himmels und dem Licht Gottes ab, hin zur Dunkelheit des Grabes, und ihre Seelen wachsen der Dunkelheit entgegen.

Hier ist eine Mutter, die vor einigen Jahren durch den Tod eine wunderschöne Tochter verloren hat. Die Mutter war eine Christin, und ihr Kind war ebenfalls Christin und starb in süßer Hoffnung. Doch seitdem der Sarg geschlossen wurde, hat die Mutter ihren Blick nicht mehr in Unterwerfung und Hoffnung zu Gott erhoben. Sonntags besucht sie den Friedhof, aber nie die Kirche. Sie geht mit niedergeschlagenem Blick durch ihr Haus, weint, wenn der Name ihrer Tochter erwähnt wird, und beklagt sich über Gottes Härte und Unfreundlichkeit, als er ihr das Kind wegnimmt. Sie ist mit ihren Augen auf die Erde gebeugt und sieht nur die Erdklumpen und den Staub und die Dunkelheit des Grabes und sieht nicht den blauen Himmel, die hellen Sterne und das süße Gesicht des Vaters. Sie ist nun schon so lange in der Gewohnheit der Traurigkeit und des Kummers gebeugt, dass sie sich in keiner Weise wieder aufrichten kann.

Kapitel zu schreiben, habe ich ein langes Gespräch mit jemandem geführt, dessen Leben eine bittere Krise hat. Zehn Jahre, seit ich sie zum ersten Mal als aufgewecktes und glückliches junges Mädchen kennengelernt habe, ihr Gesicht strahlend im Licht der Liebe Gottes. Schwierigkeiten kamen in vielen Formen in ihr Leben. Ihr eigener Vater erwies sich als unwürdig, da er alle heiligen Pflichten der Zuneigung gegenüber seinem Kind nicht erfüllte. Die Ereignisse in ihrem eigenen Leben waren enttäuschend und entmutigend. Freunde, denen sie vertraut hatte, scheiterten an der Treue und Hilfsbereitschaft, die man von seinen Freunden zu Recht erwarten darf. Im Laufe der Jahre gab es eine Reihe unglücklicher Erfahrungen, die alle dazu neigten, ihr Herz und ihr Leben zu schädigen. Als Ergebnis all dessen ist sie verbittert und verhärtet geworden, nicht nur gegenüber denen, die ihr Unrecht getan und sie ungerecht behandelt haben, sondern sogar gegenüber Gott. Sie hat diesen Gefühlen schon so lange nachgegeben, dass ihr ganzes Leben von der nach oben gerichteten, gottgefälligen Aussicht in die endgültige Verzweiflung versunken ist. Gott ist völlig aus dem Blickfeld ihrer Seele verschwunden, und sie betrachtet ihn nur noch als unfreundlich und ungerecht. Um ihrem Leben seinen früheren Glanz und seine frühere Schönheit zurückzugeben, bedarf es eines ebenso großen moralischen Wunders wie dem, durch das der Körper der krummen Frau gerade gemacht wurde.

Dann gibt es auch Leben, die von Mühe und Sorge geprägt sind. Für viele Menschen sind die Belastungen des Lebens sehr schwer. Es gibt Väter von kinderreichen Familien, die bei ihrem Bemühen, für die Menschen zu sorgen, die ihnen am Herzen liegen, manchmal fast überfordert sind. Es gibt Mütter, die fühlen sich unter der Last der häuslichen Pflege manchmal erschöpft und kaum in der Lage, länger durchzuhalten. An allen verantwortungsvollen Orten, an denen Menschen stehen müssen, wird die Last oft sehr schwer, und starke Gestalten beugen sich darunter. Die Arbeit dieser Welt ist für die meisten von uns hart. Für den, der es ernst nimmt, ist das Leben kein Spiel.

Und viele Menschen geben der Last einer Pflicht nach und lassen sich unter ihr niederbeugen. Wir sehen Männer, die sich unter ihrer Last beugen, bis ihr Körper schief wird und sie nur noch nach unten schauen können. Wir sehen, wie sie vorzeitig alt werden. Das Licht geht aus ihren Augen; die Frische verblasst aus ihren Wangen; die Süße verlässt ihren Geist. Wenige Dinge im Leben sind trauriger als die Art und Weise, wie manche Menschen sich von der Last ihrer Pflichten oder Fürsorge niederdrücken lassen. Es gibt wirklich keinen Grund, warum das so sein sollte. Gott legt uns niemals eine größere Last auf, als wir ertragen können, mit der Hilfe, die er zu geben bereit ist. Christus steht immer nah an unserer Seite und ist bereit, das schwerste Ende jeder Last zu tragen, die uns auferlegt wird.

Männer brechen nie zusammen, solange sie ein glückliches, freudiges Herz behalten. Es ist das traurige Herz, das müde wird. Was auch immer unsere Last ist, wir sollten immer einen singenden Geist in unserer Brust behalten. Es gibt zwei Möglichkeiten, schwierigen Erfahrungen zu begegnen. Eine Möglichkeit besteht darin, zu kämpfen und Widerstand zu leisten und sich zu weigern, nachzugeben. Das Ergebnis ist eine Verwundung der Seele und eine Verstärkung der Härte. Der andere Weg besteht darin, die Umstände oder Zwänge liebevoll zu akzeptieren, das Beste daraus zu machen und sie fröhlich und fröhlich zu ertragen . Diejenigen, die auf die erste dieser Arten leben, werden in der Mitte ihres Lebens alt. Wer den anderen Lebensstil wählt, behält bis ins hohe Alter ein junges, glückliches Herz.

Die wahre Art zu leben besteht darin, sich keiner Last hinzugeben; die schwerste Last mit Mut und Freude zu tragen; Den Blick nie auf die Erde richten, sondern stets auf die Berge richten. Männer, deren Arbeit es erfordert, dass sie sich ständig bücken – also in gebeugter Haltung arbeiten – , kann man hin und wieder dabei beobachten, wie sie sich aufrichten, einen langen, tiefen Atemzug nehmen und in den Himmel blicken. So bleiben ihre Körper trotz ihrer Arbeit gesund und aufrecht. Was auch immer unsere Mühe oder Last ist, wir sollten uns darin üben, oft nach oben zu schauen, aufrecht zu stehen und häufig einen Blick auf den Himmel der Liebe Gottes zu erhaschen und häufig die reine, süße Luft des Himmels einzuatmen. So werden wir unsere Seele auch unter der schwersten Belastung durch Arbeit oder Pflege aufrecht halten.

Das Wunder der Aufrichtung der Frau, die sich nach vorne gebeugt hatte, birgt sein Evangelium wertvoller Hoffnung für alle, die es versäumt haben, früher die Lektion des Aufrechthaltens zu lernen. Der Gebeugte kann noch aufgerichtet werden. Die Krümmung des achtzehnjährigen Wachstums und der Versteifung wurde in einem Moment geheilt. Die Frau, die so lange nicht aufschauen konnte, ging mit zum Lobpreis auf Gott gerichteten Augen davon.

Das gleiche Wunder kann Christus jetzt an Seelen wirken, die gebeugt sind, sei es durch Sünde, durch Kummer oder durch die Last des Lebens. Er kann das schreckliche Werk der Sünde rückgängig machen und das göttliche Bild in der Seele wiederherstellen. Er kann dem traurigen Herzen solchen Trost spenden, dass die Augen, die lange nach unten gerichtet waren, sich erheben, um in liebevoller Unterwerfung und Freude auf Gottes Angesicht zu blicken. Er kann solche Lieder in die Herzen der Müden und Überanstrengten legen, damit die krumme Gestalt gerade wird und wieder Glanz in das müde Gesicht kommt.

KAPITEL IX.

VERKLÄRTE LEBEN.

„Das Leben, das so arm, so niedrig erscheint,
die Herzen, die so eng und stumpf sind, die enttäuschten Hoffnungen, der
langsame Impuls, den Du nimmst , berührst alles, und siehe da!
Sie erblühen zur Schönheit." –SUSAN COOLIDGE.

Das Leben eines jeden Christen sollte verklärt werden. In gewisser Weise
wird sogar der Körper eines wahren Gläubigen verklärt. Wir alle haben
Gesichter gesehen, die zu leuchten schienen, als ob sich dahinter ein
verborgenes Licht verbergen würde. Es gibt einige alte Menschen, die die
Lektionen des Lebens in Bezug auf Geduld, Frieden, Zufriedenheit, Liebe,
Vertrauen und Hoffnung gut gelernt haben und deren Gesichter wirklich
strahlen, wenn sie sich den Toren des Sonnenuntergangs nähern. Manchmal
ist es ein heiliger Leidender, der durch langes Ertragen des Schmerzes lernt,
in süßer, murrender Stille an der Brust Christi zu liegen, und dessen
Gesichtszüge immer mehr den Glanz des heiligen Friedens annehmen.

Aber was auch immer die Gnade für den Körper tun mag, sie verändert
immer den Charakter. Die Liebe Gottes findet uns ruinierte Sünder und lässt
uns verherrlichte Heilige zurück. Wir sind dazu vorherbestimmt, „dem Bild
seines Sohnes gleichgestaltet zu werden". Wir dürfen auch nicht darauf
warten, dass der Tod uns verwandelt; Die Arbeit sollte sofort beginnen. Auch
wir tragen bei dieser Arbeit eine Verantwortung. Der Bildhauer nimmt den
geschwärzten Marmorblock und behauen ihn zu einer Form von Schönheit.
Der Marmor ist in seinen Händen passiv und lässt sich nur nach Belieben
schneiden, behauen und polieren. Aber wir sind kein gefühlloser Marmor;
Wir sind an der Gestaltung unseres Lebens zur spirituellen Heiligkeit
beteiligt. Ohne unseren eigenen Wunsch und unsere eigene Anstrengung
werden wir niemals wie Christus werden.

Wir sollten genau wissen, was unsere Rolle ist, was wir mit unserer eigenen
Heiligung zu tun haben. Wie können wir dann verklärte Christen werden?

Im Gebet liegt eine verwandelnde Kraft. Während unser Herr betete,
veränderte sich die Gestalt seines Gesichtsausdrucks. Was ist Gebet? Es ist
weit mehr als das zahme Absprechen bestimmter Formen der Andacht. Es
ist das Ausströmen der tiefsten Sehnsüchte des Herzens. Es ist die höchste
Tat, zu der die Seele fähig ist. Wenn du aufrichtig betest, drängt alles, was in
dir am besten, edelsten, erhabensten, reinsten und himmlischsten ist, zu Gott.
Daher erhellt ein ernstes Gebet immer das ganze Gesicht und hebt das Leben
in eine höhere, heiligere Stimmung. Wir wachsen auf das zu, was wir uns so

sehr wünschen. Daher haben Gebete um Christusähnlichkeit eine verklärende Wirkung.

Heilige Gedanken im Herzen haben auch einen verklärenden Einfluss auf das Leben. „Wie er in seinem Herzen denkt, so ist er auch." Wenn wir zulassen, dass Eifersucht, Neid, hässliche Launen, Stolz und andere böse Dinge in unserem Herzen bleiben, wird unser Leben diesen unschönen Dingen ähnlich werden. Aber wenn wir reine, sanfte, selbstlose, heilige Gedanken und Gefühle schätzen, wird unser Leben schön.

Professor Drummond erzählt von einem jungen Mädchen, dessen Charakter zu seltener Schönheit heranreifte. Ihre Freunde beobachteten voller Staunen, wie sanft und himmlisch sie wurde. Sie konnten das Geheimnis dahinter nicht verstehen. Um den Hals trug sie ein kleines Medaillon, in das niemand hineinschauen durfte. Einmal jedoch war sie sehr krank, und einer ihrer Gefährten durfte diesen heiligen Schmuck öffnen, und sie sah dort die Worte: „Wen ich nicht gesehen habe, liebe ich." Das war das Geheimnis. Es war die Liebe zum unsichtbaren Christus, die ihr Leben veränderte. Wenn wir ständig an Christus denken, über ihn meditieren, über liebevolle Gedanken an ihn nachdenken und seine Liebe in uns wohnen lassen, werden wir wie er wachsen.

Die Gemeinschaft mit Christus verändert ein Leben. Jeder Mensch, dem wir begegnen, hinterlässt eine Berührung in uns, die Teil unseres Charakters wird. Unser Leben ist wie ein Blatt Papier, und jeder , der kommt, schreibt ein Wort oder eine Zeile oder hinterlässt ein kleines Bild darauf. Unsere innigen Begleiter und Freunde, die uns sehr nahe stehen und viel bei uns sind und in unser inneres Herzensleben eindringen, hinterlassen einen sehr tiefen Eindruck auf uns.

Wenn wir also mit Christus leben und in ihm bleiben, wird uns die enge, kontinuierliche Gemeinschaft mit ihm in sein Ebenbild verwandeln. Eine persönliche Freundschaft mit Christus ist in dieser Welt ebenso möglich wie jede rein menschliche Freundschaft. Die Kameradschaft ist spirituell, aber real. Der gläubige Christ hat keinen anderen Freund, der so tief in sein Leben eintaucht wie der Herr Christus Jesus. Die Wirkung dieser Kameradschaft ist die Verwandlung des Charakters. Es ist nicht ohne Grund, dass die Künstler den geliebten Jünger in seinen Gesichtszügen als seinem Herrn ähnlich darstellen . Er kannte Jesus besser als alle anderen Jünger und war in seiner tieferen, engeren Gemeinschaft von der Schönheit und Heiligkeit des Herrn stärker berührt und beeindruckt.

Auch hier verklärt es das Leben, den Blick auf das Ebenbild Christi zu richten. Die alten Mönche blickten aufmerksam auf das Kruzifix und sagten, dass die Abdrücke der Nägel in ihre Hände und Füße und die Dornennarben in ihre Stirn kommen würden, wenn sie es betrachteten. Es war nur eine grobe Einbildung; doch in der Einbildung liegt eine spirituelle Wahrheit. Wenn wir im Glauben auf Christus blicken, prägen sich die Linien seiner Schönheit tatsächlich in unsere Herzen ein. Dies ist die Bedeutung des Wortes des heiligen Paulus: „Wir alle werden mit unverhülltem Angesicht wie in einem Spiegel die Herrlichkeit des Herrn betrachten und in dasselbe Bild verwandelt." Das Evangelium ist der Spiegel. Dort sehen wir das Bild Christi. Wenn wir es ernsthaft, kontinuierlich und liebevoll betrachten, wird die Wirkung darin bestehen, dass wir unser eigenes Leben in dasselbe Gleichnis verwandeln. Die Transformation wird durch den göttlichen Geist bewirkt, und unsere Aufgabe besteht nur darin, die gesegnete Schönheit zu betrachten und weiterhin zu betrachten. Wir sitzen vor der Kamera und unser eigenes Bild wird auf das vorbereitete Glas gedruckt. Wir sitzen vor Christus und werden zur Kamera, und sein Bild wird in unsere Seele eingeprägt.

Es gibt eine erbärmliche Geschichte eines französischen Bildhauers, die die Heiligkeit veranschaulicht, mit der das Lebensideal geschätzt und gehütet werden sollte. Er war ein Genie und arbeitete an seinem Meisterwerk. Aber er war ein armer Mann und lebte in einer kleinen Mansarde, die für ihn Atelier, Werkstatt und Schlafzimmer war. Er hatte seine Statue fast fertig aus Ton, als eines Nachts plötzlich großer Frost über der Stadt herrschte. Der Bildhauer lag auf seinem Bett, seine Statue vor sich in der Mitte des feuerlosen Raumes. Als die kühle Luft auf ihn herabströmte, wusste er, dass in der starken Kälte die Gefahr bestand, dass das Wasser in den Zwischenräumen des Tons gefrieren und sein kostbares Werk zerstören würde. Da stand der alte Mann von seinem Bett auf, nahm die Kleider, die ihn im Schlaf bedeckt hatten, und wickelte sie ehrfürchtig um seine Statue, um sie zu retten, und legte sich dann unbedeckt in die Kälte. Als seine Freunde am Morgen hereinkamen, fanden sie den alten Bildhauer tot vor; aber das Bild blieb unversehrt.

Wenn wir wirklich an Christus glauben, haben wir alle in unserer Seele eine Vision spiritueller Schönheit, nach der wir unser Leben gestalten wollen. Diese Vision ist unsere Vorstellung vom Charakter Christi. „Das werde ich eines Tages sein", sagen wir. Auch wenn diese Vision weit über unsere gegenwärtige Verwirklichung hinaus scheint, streben wir stets danach, sie zu erreichen. Dies ist das Ideal, das wir trotz all unserer Mühen und Kämpfe in unserem Herzen tragen. Dieses Ideal müssen wir von jeglicher Beschädigung oder Flecken freihalten. Wir müssen es jedoch retten, wie der alte Bildhauer, wir verlieren unser Leben, wenn wir es beschützen. Wir sollten bereit sein zu sterben, anstatt es der Zerstörung preiszugeben. Wir sollten das Bild Christi, hell, strahlend, unbefleckt, in unserer Seele bewahren, bis es unser langweiliges, sündiges, irdisches Leben in seine eigene verklärte Schönheit verwandelt.

Kein anderes Lebensziel ist eines unsterblichen Wesens würdig. Wir können wie die Engel werden; Was für eine Erniedrigung ist es dann, unser Leben mit all seinen herrlichen Möglichkeiten in den Staub der Schande und Schande hineinziehen zu lassen! Lasst uns vielmehr ständig nach der Herrlichkeit streben, für die wir geschaffen und erlöst wurden. „Geliebte, nun sind wir Kinder Gottes, und es ist noch nicht offenbar geworden, was wir sein werden. Wir wissen, dass wir ihm gleich sein werden, wenn er offenbar werden wird; denn wir werden ihn sehen, so wie er ist. Und jeder Wer diese Hoffnung auf sich setzt, reinigt sich selbst, so wie er rein ist."

„Wunderbar das Weiß deiner Herrlichkeit.
Können wir diese Vollkommenheit wirklich teilen? Ja, unsere Leben sind Seiten deiner Geschichte, wir tragen deine Form und Überschrift;
angelaufene Formen – zerrissene Blätter – aber du kannst sie reparieren, du kannst deine eigene Vollständigkeit entfalten.
"

Von unseren Unvollkommenheiten, und wir werden ihnen ein Ende bereiten – Schlacke verschlingt, verwandelt Staub in Gold."

Ein Tropfen Wasser lag eines Tages in einer Dachrinne, verschmutzt, fleckig, verschmutzt. Als es in das Blau des Himmels blickte, begann es sich nach Reinheit zu sehnen, sich danach zu sehnen, gereinigt und kristallin gemacht zu werden. Sein Seufzen war zu hören, und die sanften Finger der Sonne hoben es schnell empor – hinauf, aus der fauligen Rinne, in die süße Luft, dann immer höher; Schließlich erfassten ihn die sanften Winde und trugen ihn fort, und nach und nach blieb er auf einem fernen Berggipfel liegen, eine Flocke aus reinem, weißem, wunderschönem Schnee.

Dies ist ein kleines Gleichnis darüber, was die Gnade Gottes für jedes sündige Leben tut, das sich nach Reinheit und Heiligkeit sehnt und schreit.

KAPITEL X.

DIE INTERPRETATION VON Kummer.

„So viel vermissen wir,
wenn die Liebe schwach ist; so viel gewinnen wir, wenn die Liebe stark ist;
Gott hält keinen Schmerz für zu scharf oder dauerhaft, um ihn zu
verordnen, um uns dies zu lehren." –HELEN HUNT JACKSON.

Es wird immer Geheimnisse in der Trauer geben. Männer werden sich immer
fragen, was das bedeutet. Mit unseren irdischen Beschränkungen ist es für
uns unmöglich, es zu verstehen. Selbst der stärkste christliche Glaube wird
seine Fragen haben, und viele seiner Fragen werden unbeantwortet bleiben
müssen, bis sich der Horizont des Lebens erweitert und sein schwaches Licht
im Himmel voll und klar wird. In der Zwischenzeit könnten jedoch einige
dieser Fragen zumindest teilweise beantwortet und die Schmerzhaftigkeit der
Trauer ein wenig gelindert werden. Und gewiss sollte der Welt, die so
dringend Trost braucht und so hungrig danach schreit, nicht der kleinste
Funke Trost vorenthalten werden.

Die menschlichen Herzen sind überall gleich. Die Erfahrungen von Leid sind
zwar seltsam unterschiedlich, ähneln sich jedoch in ihren allgemeinen
Merkmalen. Wo immer wir den unterdrückten Stimmen der Trauer lauschen,
hören wir dieselben Fragen. Was für einen die Antwort war, wird daher für
Tausende weitere eine Antwort sein. Kürzlich erhielt ich an einem Tag zwei
Briefe von Trauernden mit Fragen. Unabhängig davon, ob die privaten
Antworten Trost spendeten oder nicht, kann es sein, dass das bloße Stellen
der Fragen mit ein paar Sätzen zu jeder Frage für andere hilfreich sein kann,
die ähnliche Lasten tragen.

Einer dieser Briefe stammt von einem christlichen Mann, dessen einziger
Sohn in die Sünde verwickelt wurde und schnell in die traurigsten Tiefen
hinabstieg. Die Geschichte ist zu schmerzhaft, um auf diesen Seiten
wiederholt zu werden. In seiner großen Not schreit der Vater, ein frommer
Mann, ein Mann mit starkem Glauben und edler Weisheit: „Was ist für mich
der Trost von Christus und der Bibel? Wie kann ich diese meine Last auf
Gott abwälzen?"

Bei der Beantwortung dieser Fragen muss man bedenken, dass es einige
Dinge gibt, die selbst der reichste und göttlichste Trost nicht leisten kann.
Zum einen kann es den Schmerz der Trauer oder des Kummers nicht lindern.
Unser erster Gedanke an Trost ist normalerweise, dass er uns die Last
abnehmen soll. Wir lernen jedoch bald, dass Trost normalerweise nicht auf
diese Weise entsteht. Es macht die Trauer nicht weniger. Es macht unsere
Herzen nicht weniger empfindlich gegenüber Angst. „Trösten bedeutet eher

eine Steigerung der Tragfähigkeit als eine Verringerung der Last." In diesem Fall kann es dem liebenden Vater nicht die Last der Enttäuschung und des Kummers nehmen, die er empfindet, wenn er sieht, wie sein Sohn von den Strömungen der Versuchung mitgerissen wird. Kein möglicher Komfort kann dies tun. Der vollkommene Frieden, in dem Gott diejenigen zu bewahren verspricht, deren Gedanken auf ihn gerichtet sind, ist in keinem Fall des Leidens ein schmerzloser Friede. Der niedergeschlagene Vater kann keinen Trost erwarten, der ihn sein wanderndes, sündiges Kind vergessen lässt oder der ihn dazu bringt, die schmerzliche Qual, die das Schicksal des Jungen in seinem Herzen auslöst, nicht mehr zu empfinden. Um solchen Trost zu ermöglichen, muss die Vaterliebe zerstört werden, und das wäre ein schlimmeres Unglück als jeder Kummer.

Der Trost in einem solchen Kummer ist der, der durch den Glauben an Gott selbst im schmerzenden Schmerz entsteht. Das Kind wurde in seiner Kindheit Gott übergeben und in seinen frühen Jahren als Gottes Kind erzogen. Wer wird sagen, dass er vielleicht noch nicht auf die eine oder andere Weise zu Gott zurückgebracht wird? Die tägliche Last kann dann täglich in die göttlichen Hände gelegt werden. Die Angst des Herzens drückt sich möglicherweise nicht in verzweifelten Schreien aus, sondern in gläubigen Gebeten, die von den Verheißungen inspiriert und von der seligen Hoffnung in Inbrunst entfacht werden. Dann wird Frieden kommen, nicht schmerzloser Frieden, sondern Frieden, der in der Dunkelheit an Christi Schoß liegt und liebt und vertraut und keine Fragen stellt, sondern mit aller Erwartung der Hoffnung wartet.

Gleichzeitig dürfen wir niemals vergessen, dass jeder Kummer seine Aufgabe für unser Leben hat, auch wenn wir auf Gott vertrauen, was das Ergebnis unserer Enttäuschungen angeht . Es gibt etwas, von dem er möchte, dass es in uns wirkt. Was es in einem bestimmten Fall sein könnte, können wir nicht sagen; Es ist auch nicht klug von uns, danach zu fragen. Das Klügste und Wahrhaftigste, was wir tun können, ist, unsere Herzen voller Ehrfurcht für den Dienst am Leid zu öffnen und Gott zu bitten, seinen Willen in uns zu tun, uns nicht zu erlauben, das schöne Werk, das er tun würde, zu behindern, und uns zu helfen, uns auch in der Trauer zu freuen Kummer. Die Tränen mögen weiter fließen, aber dann können wir mit Mrs. Browning singen:

„Ich preise dich, während meine Tage vergehen.
Ich liebe dich, während meine Tage vergehen. Durch Dunkelheit und Tod, durch Feuer und Frost, mit leeren Armen und verlorenen Schätzen danke ich dir, während meine Tage vergehen."

Der andere erwähnte Brief stammt von einem anderen Vater, über den eine Welle der Trauer nach der anderen hinweggegangen war. Innerhalb kurzer Zeit wurden zwei Kinder weggebracht. Der eine war ein Sohn, der seine berufliche Laufbahn begonnen hatte und große Hoffnungen und Versprechen für die Zukunft hatte – ein junger Mann mit seltenen Fähigkeiten und vielen edlen Eigenschaften. Die andere war eine Tochter, die inzwischen zur Frau geworden war und eine glückliche und geliebte Ehefrau war, umgeben von Freunden und den Vorzügen eines schönen Zuhauses und allem, was das Leben süß und begehrenswert macht. Beide Kinder nahm Gott bald nacheinander an. Der Vater, ein Mann von größter Zärtlichkeit und dennoch bedingungslosem Glauben an Gott, äußerte kein Murren, als er aufgefordert wurde, an den Gräbern seiner Geliebten zu stehen; und doch schreit sein Herz nach Interpretation.

Er schreibt: „In einem Ihrer Bücher[1] finde ich diese Worte: ‚Manchmal werden uns unsere Liebsten genommen, und unsere Herzen bluten, wie ein Weinstock blutet, wenn ein grüner Zweig davon abgeschnitten wird. . . . Hier kommt der christliche Glaube ins Spiel, der die schmerzhaften Dinge so interpretiert und erklärt, dass wir bereit sind, sie mit Zuversicht und sogar mit Freude anzunehmen. . . . Eine starke, bleibende Zuversicht, dass alle Prüfungen, Sorgen , und Verluste unseres Lebens sind Teil der Lebensführung unseres Vaters, sollten jede Frage zum Schweigen bringen, jede Angst besänftigen und unseren Herzen Frieden und erholsame Sicherheit in all ihrem Schmerz geben. Wir können den Grund für die schmerzhaften Schläge nicht kennen, aber wir wissen es Derjenige, der das Winzermesser hält, ist unser Vater . Das sollte immer genug sein, damit wir es wissen.‘“

Nachdem er diese Worte zitiert hat, fährt er fort: „Jetzt stelle ich die Haltung des Vaters nicht mehr in Frage. Ich würde auch jede Frage bezüglich seiner Weisheit und seiner Liebe ‚zum Schweigen bringen‘. Ich würde keinen Moment daran zweifeln. Als ich herausfand, dass mein einziger Sohn, „Mein Stolz und mein Stab müssen sterben“, betete ich mit so starkem Weinen und Tränen, wie es nur diejenigen wissen können, die sich in ähnlichen Umständen befinden, und dennoch das Gefühl hatten, dass ich Gott zurückgeben konnte, was er mir ohne Murren geliehen hatte. Durch seine Hilfe, Ich glaube, dass jedes leiseste Murren über die schmerzhaften Dinge unterdrückt wurde und dass ich bis zu einem gewissen Grad bereit war, sie mit Zuversicht, ja sogar mit Freude anzunehmen. Aber mein Glaube ist nicht dazu gekommen, wie Sie vorschlagen, „eine solche Interpretation“ zu geben und Erklärung“ auf sie, wie ich es vielleicht tun sollte. Warum hat Gott so mit mir verfahren? Warum war ein doppelter Schlag nötig? Ist sein Umgang mit mir rein disziplinarischer Natur? Welche Lektionen würde er mir beibringen? Wie soll ich prüfen? Ich frage mich, ob seine Absicht, mich zu quälen, erreicht wurde? Oder geht es mir nicht darum, mich nach den konkreten Lektionen zu erkundigen, sondern ihn zu gegebener Zeit zeigen zu lassen, was er entworfen hat? Solche Fragen vervielfachen sich ohne Antwort."

Hat dieser Autor in seinem letzten Vorschlag nicht dargelegt, was diejenigen tun sollten, denen die Frage nach der Interpretation von Trauer unklar ist? Sie sollten nicht ängstlich nach den konkreten Lehren fragen, sondern Gott zu gegebener Zeit zeigen lassen, was er beabsichtigt hat. Zweifellos hat jedes Leid eine Mission. Als Botschafter Gottes kommt es mit einer Botschaft zu uns. Wenn wir es ehrfürchtig aufnehmen und still sein, während es seine Botschaft verkündet, werden wir zweifellos einen Segen erhalten.

Dennoch müssen wir diese ganze Angelegenheit sorgfältig und weise betrachten. Wir laufen Gefahr, nur an uns selbst zu denken und an die Auswirkungen der Trauer, die uns trifft, auf uns und unser Leben. Wir denken zu oft an unsere Trauerfälle, zum Beispiel daran, dass Gott den Freund weggenommen und seinem Leben ein Ende gesetzt hätte, nur um uns zu züchtigen oder zu bestrafen. Aber wir haben kein Recht, den Plan Gottes, geliebte Menschen von unserer Seite zu entfernen, so eng zu betrachten . Seine Absicht betrifft sie ebenso wie uns. Sie werden abberufen, weil ihre Arbeit auf der Erde erledigt ist und höhere Dienste in anderen Sphären auf sie warten. Für sie ist der Tod Gewinn, Beförderung, Versetzung. Das Ereignis selbst ist in seiner primären Bedeutung ein freudiges und gesegnetes Ereignis. Die Trauer, die wir über ihre Entfernung empfinden, ist nur ein Vorfall. Gott kann sie von unserer Seite aus nicht zur Herrlichkeit nach Hause bringen, ohne uns Schmerzen zu bereiten. Aber wir dürfen diese Reihenfolge nicht umkehren und denken, dass der primäre Zweck der Abberufung unserer Lieben darin besteht, uns zu züchtigen oder uns Leid zuzufügen. Zweifellos ist es sowohl für uns als auch für sie ein Segen, wenn sie uns verlassen, denn für diejenigen, die Gott lieben, wirken alle Dinge zum Guten zusammen; Aber wir übertreiben unsere eigene Bedeutung ungebührlich, wenn wir denken, dass Gott im Tod ein schönes Leben niederlegt, nur um uns eine Lektion zu erteilen oder uns einen Segen zu geben.

Wenn wir unsere Trauer in diesem Licht betrachten und darüber nachdenken, was der Tod für unsere geliebten Menschen bedeutet, die uns genommen wurden, finden wir neuen Trost im Gedanken an ihre Unsterblichkeit, ihre Befreiung von Leiden und Versuchungen und ihre völlige Segnung mit ihnen Christus. Es ist egoistisch für uns, dies zu vergessen, während wir unsere eigene Trauer aufsaugen. Sollten wir nicht bereit sein, Verlust und Schmerz zu ertragen, damit diejenigen, die uns lieb sind, Gewinn und Segen erhalten?

Selbst in den Beziehungen des Lebens auf der Erde wird uns immer wieder die gleiche Lektion erteilt. Eltern müssen ihre Kinder aufgeben und sie aus ihrem Heimatnest verlieren, damit sie in die Welt hinausgehen können, um die Pflichten des Lebens selbst zu übernehmen. Dann ist auch die Trennung schmerzhaft, aber sie wird in der süßen Stille selbstverleugnender Liebe getragen. Wir geben unsere Freunde auf, wenn sie von unserer Seite dazu aufgerufen werden, andere und höhere Positionen anzunehmen. Das Leben ist voller solcher Trennungen, und uns wird beigebracht, dass es unsere Pflicht ist, an andere zu denken und für sie den eigenen Verlust an Geduld zu ertragen. Gilt nicht das gleiche Gesetz der Liebe, „die nicht ihr Eigenes sucht ", wenn unsere Geliebten höher berufen werden?

Die erste Lektion, die man aus Trauer lernen kann, ist immer Unterwerfung. Sogar von unserem Herrn wird uns gesagt, dass er „durch die Dinge, die er erlitten hat, Gehorsam gelernt hat". Das ist die großartige, allumfassende Lektion des Lebens. Wenn wir dies vollständig und vollkommen gelernt haben, ist das Werk der Heiligung in uns abgeschlossen.

Dann kommt eine weitere Lektion in aller Trauer: Das Leben zu mildern und zu bereichern, um zu größerer persönlicher Hilfsbereitschaft zu gelangen. Es ist traurig für uns, wenn wir aus irgendeinem Grund diesen gesegneten Ausgang von Trauer und Schmerz verpassen. Christus hat in allen Punkten gelitten, um für sein Werk, Menschen zu helfen und zu retten, geeignet zu sein. Gott lehrt uns in unserer Trauer, was er von uns anderen in der Zeit der Prüfung erzählen möchte. Diejenigen, die geduldig und liebevoll leiden, gehen mit neuen Botschaften für andere und mit neuer Kraft zum Trost hervor.

Über diese beiden umfassenden, allgemeinen Lehren allen Leids hinaus ist es normalerweise nicht ratsam, die Frage „Warum ist es?" zu stellen. Es ist besser für uns, uns in jeder Zeit der Prüfung so auf Gott zu beziehen, dass wir den Segen, den er uns sendet, nicht verhindern können, andererseits aber jede Lehre und Korrektur mit stiller, wohlwollender Begrüßung annehmen können , offenbarend, reinigend oder belebend würde er uns geben. Das ist sicherlich weitaus besser, als dass wir uns ängstlich fragen sollten, warum Gott uns betrübt, warum er uns den Kummer geschickt hat und was er damit für uns erreichen möchte. Wir müssen darauf vertrauen, dass Gott in uns das bewirkt, was die Trauer für uns bewirken soll. Wir brauchen uns nicht die Mühe zu machen, zu wissen, was er tut.

Glücklicherweise kehren unsere alten Pflichten nach dem Leid wieder zurück, genau wie zuvor, und wir müssen sie alle auf uns nehmen, nur mit mehr Herz, mehr Ehrfurcht vor Gott, mehr Sanftmut und Liebe gegenüber den Menschen. Im weiteren Verlauf werden wir erfahren, was Gott mit der Trauer für uns tun wollte; oder wenn nicht in dieser Welt, dann werden wir in der Heimat des Lichts sein, wo alle Geheimnisse erklärt werden und wo wir die Lektion der Liebe klar und deutlich in den seltsamen Schriften allen

Lebens sehen werden. Es besteht kein Zweifel, dass Trauer uns immer eine Gelegenheit zum Segen bietet. Dann müssen wir uns daran erinnern, dass wir nur in dieser Welt das Gute erlangen können, das uns nur durch Schmerz zuteil werden kann, denn im Leben nach dem Tod darf es keinen Kummer und keine Tränen geben. Ein altes östliches Sprichwort sagt: „Spreize deine Röcke weit, wenn vom Himmel Gold regnet." Der Himmel regnet immer Gold, wenn wir im Schatten des Kreuzes sitzen. Wir sollten die Gelegenheit fleißig verbessern und die Lektionen lernen, die er lehren würde, und die Segnungen erhalten, die er geben würde, denn die Zeit ist knapp.

„Wenn du aber ungeduldig dein Kreuz loslässt,
wirst du es weder in dieser noch in einer anderen Welt wiederfinden; hier und nur hier ist es dir gegeben, um Gottes willen zu leiden. In anderen Welten werden wir ihm vollkommener dienen." und liebe ihn, lobe ihn, arbeite für ihn, komme ihm immer näher mit aller Freude; aber dort werden wir nicht mehr dazu berufen sein ,
zu *leiden* , was unsere Aufgabe hier ist."

[1] „Praktische Religion", Seite 107

KAPITEL XI.

ANDERE LEUTE.

„Wir müssen – jeder einzelne – gebraucht werden,
das Gefühl haben, dass wir etwas geben können, um das Stöhnen des
Hungers der Erde zu lindern; und wir wissen, dass wir nur dann leben,
wenn wir einander ernähren, so wie wir von der Hand gefüttert wurden.“
gibt Körper und Geist ihr Brot.“ –LUCY LARCOM.

Es gibt andere Leute. Wir sind nicht die Einzigen. Einige der anderen
wohnen in unserer Nähe, andere weiter weg. Wir stehen in bestimmten
Beziehungen zu diesen anderen Menschen. Sie haben Ansprüche an uns. Wir
schulden ihnen Pflichten, Dienste, Liebe. Wir können uns nicht von ihnen
trennen, von keinem von ihnen, indem wir sagen, dass sie nichts für uns sind.
Wir können uns nicht von unseren Verpflichtungen ihnen gegenüber
befreien und sagen, wir schulden ihnen nichts. Diese Beziehung zu anderen
ist so unerbittlich, dass es auf der ganzen Welt keinen Menschen gibt, der
nicht das Recht hat, mit seinen Bedürfnissen zu uns zu kommen und von uns
den Dienst der Liebe zu beanspruchen. Die anderen Menschen sind unsere
Brüder, und es gibt keinen von ihnen, den wir verachten, vernachlässigen,
verletzen oder von unserer Tür verstoßen könnten.

Wir sollten uns darin üben, an die anderen Menschen zu denken. Wir dürfen
sie bei unseren Plänen nicht außen vor lassen. Wir müssen an ihre Interessen
und ihr Wohl denken, wenn wir an unsere eigenen denken. Sie haben ebenso
Rechte wie wir selbst, und an diese müssen wir denken, wenn wir unsere
eigenen geltend machen. Kein Mensch darf seinen Zaun auch nur um
Haaresbreite über die Grenze auf dem Grundstück seines Nachbarn
errichten. Kein Mensch darf auch nur einen Weizenkopf seines Nachbarn
oder eine Weintraube vom Weinstock seines Nachbarn pflücken. Niemand
darf ungebeten die Tür seines Nachbarn betreten. Kein Mensch darf etwas
tun, was seinem Nächsten schadet. Andere Menschen haben unveräußerliche
Rechte, in die wir nicht eingreifen dürfen.

Wir schulden anderen Menschen mehr als ihre Rechte; wir schulden ihnen
Liebe. Für einige von ihnen ist es nicht schwer, diese Schulden zu begleichen.
Sie sind liebenswert und gewinnend. Sie sind durchaus respektabel. Sie sind
sympathische Geister, die uns im Gegenzug so viel zurückgeben, wie wir
ihnen geben können. Es ist natürlich, diese zu lieben und sehr freundlich und
sanft zu ihnen zu sein. Aber wir haben bei dieser weitreichenden Pflicht,
andere Menschen zu lieben, keine Wahlfreiheit. Wenn wir behaupten,
Christen zu sein, dürfen wir uns nicht aussuchen, wen wir lieben sollen. Die
Lehre des Meisters ist unerbittlich: „Wenn ihr diejenigen liebt, die euch

lieben, was seid ihr dann dankbar? Denn selbst Sünder lieben diejenigen, die sie lieben. Und wenn ihr denen Gutes tut, die euch Gutes tun, was seid ihr dann dankbar? Selbst Sündern." Tut das Gleiche. Und wenn ihr denen etwas leiht, von denen ihr zu empfangen hofft, was habt ihr dann für Dank? Sogar Sünder leihen Sündern, um wieder so viel zu empfangen. Aber liebt eure Feinde und tut ihnen Gutes und leiht, ohne zu verzweifeln ; und euer Lohn wird groß sein, und ihr werdet Söhne des Allerhöchsten sein ; denn er ist gütig gegenüber den Undankbaren und Bösen.

Der barmherzige Samariter ist die Antwort unseres Herrn auf die Frage: „Wer ist mein Nächster?" und der Nachbar des barmherzigen Samariters war ein erbitterter Feind, der ihn unter anderen Umständen aus seiner Gegenwart verschmäht hätte. Andere Menschen sind vielleicht weder schön in ihrem Charakter noch sympathisch in ihren Gewohnheiten, Manieren, Lebensweisen oder Veranlagungen; Sie können sogar unfreundlich zu uns sein, ungerecht, unvernünftig, in strenger Gerechtigkeit unsere Gunst völlig unwürdig; Doch wenn wir weiterhin Christen genannt werden, schulden wir ihnen die Liebe, die nichts Böses denkt, die nicht das Eigene sucht , die alles erträgt , alles erträgt und niemals vergeht .

Zweifellos ist es schwer, die anderen Menschen zu lieben, die uns hassen. Es ist nicht so schwer, sie einfach in Ruhe zu lassen, an ihnen vorbeizugehen, ohne ihnen zu schaden, oder sogar in gewisser Weise für sie zu beten; aber sie zu lieben – das ist eine harte Prüfung. Wir neigen dazu zu fragen: –

„Lieber Herr, wird es nicht genügen,
wenn wir nicht Unrecht mit Unrecht vergelten und weder Liebe noch
Hass? Aber Liebe – O Herr, unsere Seelen sind alles andere als stark, Und
Liebe ist so eine zarte, heimelige Taube – Wie kann das?" Wir, Herr, unsere
Feinde segnen und lieben?

„Fasten – Oh, man könnte fasten –
Und beten – man könnte am erbärmlichsten beten; Aber liebt unsere
Feinde! Lieber Herr, gibt es für dich nicht einen einfacheren Weg – Einen
Weg durch einen Gottesdienst, ein Lied oder einen Psalm, Oder durch ein
großes Ritual? um die Ruhe deines Himmels zu erreichen?

Aber auf solche Fragen gibt es keine Antwort christlicher Nachsicht. Andere Menschen, auch wenn sie unsere Feinde sind, werden auf diese Weise nicht aus dem Kreis derer ausgeschlossen, denen wir Liebe schulden. Unsere Rolle wird uns immer am Beispiel des barmherzigen Samariters vor Augen geführt.

Das heißt, wir schulden anderen Menschen Dienst. Service geht mit Liebe einher. Wir können nicht wirklich lieben und nicht dienen. Liebe ohne Dienen ist nur ein leeres Gefühl, ein armseliger Spott. Gott liebte die Welt, die er gab, so sehr. Liebe gibt immer. Wenn es nicht gibt, ist es keine Liebe.

Es wird immer daran gemessen, was es geben wird. Die Bedürfnisse anderer Menschen sind für uns daher göttliche Gebote, die wir nicht missachten oder missachten dürfen. Sich zu weigern, einen Bruder zu segnen, der in irgendeiner Not vor uns steht, ist eine ebenso große Sünde wie der Verstoß gegen eines der positiven Gebote des Dekalogs. In gewisser Weise handelt es sich tatsächlich um einen Bruch der gesamten zweiten Gebotstafel, deren Sinn darin besteht: „Du sollst deinen Nächsten lieben wie dich selbst."

Wir denken gerne, dass es keine Sünde ist, einfach nichts zu tun. Aber Jesus bringt in seinem wunderbaren Bild vom Jüngsten Gericht die Verurteilung der Menschen dazu, nicht die Dinge zu tun, die sie hätten tun sollen. Sie haben die Hungrigen einfach nicht gefüttert, die Nackten nicht bekleidet, die Kranken nicht besucht und die Gefangenen nicht gesegnet. Um diese Sünden der Vernachlässigung noch schlimmer erscheinen zu lassen, betrachtet unser Herr jeden einzelnen Fall als eine persönliche Angelegenheit, versetzt sich in die Lage des Leidenden, der es braucht und nicht versorgt wird, und sagt uns, dass jeder es versäumt, jemandem die nötige Güte zu erweisen werden ihm gezeigt. Dieses göttliche Wort schenkt anderen Menschen, die durch die Vorsehung in die Sphäre unseres Lebens gebracht werden, ein enormes Interesse, so dass ihre Bedürfnisse, welcher Art auch immer, unser Mitgefühl und unsere Freundlichkeit ansprechen können. Sie zu vernachlässigen bedeutet, Christus zu vernachlässigen. Er schickt sie uns. Sie repräsentieren ihn. Sie abzuweisen bedeutet, ihn abzuwenden.

Diese Angelegenheit des Dienens hat vielfältige Formen. Manchmal steht die Armut vor unserer Tür und wir brauchen finanzielle Hilfe. Tausendmal häufiger ist es jedoch nicht Geld, sondern etwas Kostbareres, das wir geben müssen. Es kann liebevolles Mitgefühl sein. Trauer liegt vor uns. Das Herz eines anderen bricht. Geld wäre nutzlos; es wäre nur bitterer Hohn, es anzubieten. Aber wir können an die Lippen des Nächsten einen Kelch des Weins der Liebe halten, der aus unserem eigenen Herzen gefüllt wird und dem Leidenden neue Kraft geben wird. Oder es ist die Qual eines Lebenskampfes, ein menschliches Gethsemane, neben dem wir wachen sollen. Wir können keine wirkliche Hilfe leisten – die Seele muss ihre Kämpfe alleine schlagen; Aber wir können wie der Engel sein, der im Gethsemane unseres Herrn diente, Kraft spendete und dem müden Kämpfer half, den Sieg zu erringen.

Die Welt ist voller Kummer und Prüfungen, und wir können nicht unter unseren Mitmenschen leben und ehrlich sein, ohne ihre Lasten zu teilen. Wenn wir glücklich sind , müssen wir die Lampe unseres Glücks so halten, dass ihre Strahlen auf das verdunkelte Herz fallen. Wenn wir keine Last haben , ist es unsere Pflicht, die Last anderer auf unsere Schultern zu tragen. Der Egoismus muss sterben, sonst muss das Leben unseres eigenen Herzens in uns eingefroren werden. Wir lernen bald, dass wir nicht für uns selbst leben und Christen sein können; dass die Segnungen, die uns gegeben werden, wirklich für andere Menschen gelten und dass wir nur Diener Gottes sind, um sie im Namen Christi zu denen zu tragen, für die sie bestimmt sind.

Wir fangen an, uns über einen besonderen Wohlstand zu freuen, und im nächsten Moment klopft ein menschliches Bedürfnis an unsere Tür, und wir müssen unsere guten Dinge mit einem leidenden Bruder teilen. Wir können unsere schönen Theorien darüber aufbauen, wie wir für uns selbst sorgen, für die Zukunft leben, wie wir uns im Sommer des Wohlstands auf den winterlichen Winter vorbereiten, wie wir für das Alter oder für unsere Kinder sorgen. Aber oft müssen all diese sparsamen und wirtschaftlichen Pläne den Erfordernissen menschlicher Bedürfnisse nachgeben. Die Liebe, die nicht das Eigene sucht , zerstört die harte Logik des Lebens und die Pläne bloßen Eigennutzes. Wir können nicht sagen, dass irgendetwas unser Eigentum ist, wenn unser Bruder für das leidet, was wir geben können.

„Hierin liegt die Liebe: die Schultern entblößen.
Wenn es nötig ist, kann ein Gebrechlicher einen Mantel tragen, um ihn vor dem Sturm zu schützen; Den Atem des Frostkönigs zu ertragen, damit man warm wird; Die Tränen zu zerdrücken, wäre süß." zu vergießen und zu lächeln, damit andere stattdessen Freude haben können.

„Hierin liegt die Liebe: täglich zu opfern,
die Hoffnung, die dem Herzen am nächsten liegt; Vorwürfe stumm zu ertragen und Unrecht zu erleiden, noch die Stimme zu erheben, um zu zeigen, wo beides hingehört; nein, jetzt, noch es selbst Gott oben zu sagen – hierin ist in der Tat Liebe, darin liegt Liebe."

Es vergeht kein Tag in den alltäglichen Erfahrungen des Lebens, an dem andere Menschen nicht mit ihren Bedürfnissen vor uns stehen und uns um einen Dienst bitten, den wir ihnen erweisen können. Dabei kann es sich nur um gewöhnliche Höflichkeit handeln, um die sanfte Freundlichkeit des häuslichen Kreises, um den geduldigen Umgang mit Nachbarn oder Kunden in Geschäftsbeziehungen, um die rücksichtsvolle Bekundung von Interesse an alten Menschen oder an Kindern. Auf allen Seiten berührt das Leben anderer das unsere, und wir können nicht tun, was wir wollen, und nur an uns selbst und unseren eigenen Trost und unser Wohl denken, es sei denn, wir entscheiden uns dafür, allen Instinkten der Menschheit und allen Anforderungen der Menschheit untreu zu werden Gesetz der christlichen Liebe. Wir müssen ständig an andere Menschen denken.

Wir dürfen in keiner Weise nach unserem eigenen Vergnügen streben, ohne uns zu fragen, ob es den Komfort eines anderen schädigt oder beeinträchtigt. Beispielsweise müssen wir bei der Ausübung unserer eigenen Freiheit und der Befriedigung unserer eigenen Vorlieben und Wünsche an die Bequemlichkeit anderer Menschen denken. Es mag für uns angenehm sein, morgens lange im Bett zu liegen, und wir neigen möglicherweise dazu, diese Gewohnheit nur als eine kleine, liebenswürdige Genußsucht zu betrachten. Aber die Praxis hat auch eine ernstere Seite. Es unterbricht den harmonischen Fluss des Familienlebens. Es sorgt für Verwirrung in den Familienplänen für den Tag. Es bedeutet zusätzliche Arbeit für treue Haushälterinnen oder Bedienstete. Es stellt die Geduld der Liebe auf eine harte Probe.

Neulich musste ein wichtiges fünfzehnköpfiges Komitee zehn Minuten lang auf ein verspätetes Mitglied warten, dessen Anwesenheit erforderlich war, bevor etwas unternommen werden konnte. Schließlich schlenderte er herein, ohne sich auch nur zu entschuldigen, weil er vierzehn vielbeschäftigten Männern einen Zeitverlust beschert hatte, der für sie sehr wertvoll war und außerdem ihre Geduld und Gutmütigkeit auf eine harte Probe gestellt hatte . Wir haben kein Recht, die Bequemlichkeit anderer zu vergessen oder zu missachten. Eine gewissenhafte Anwendung der Goldenen Regel würde uns von all dieser Nachlässigkeit heilen.

Dies sind nur Beispiele dafür, wie andere Menschen unser Leben beeinflussen. Sie sind so nah bei uns, dass wir uns nicht bewegen können, ohne sie zu berühren. Wir können nicht sprechen, ohne dass unsere Worte andere beeinflussen. Wir können nicht in den einfachsten Dingen handeln, ohne vorher darüber nachzudenken, ob das, was wir tun werden, anderen helfen oder schaden wird. Wir sind nur Teil einer großen Familie und wagen es nicht, für uns selbst zu leben. Wir dürfen nie vergessen, dass es noch andere Menschen gibt.

KAPITEL XII.

Der Segen der Treue.

„Es muss von beiden getan werden; Gott niemals ohne mich,
ich niemals ohne Gott." -JOHANNES SCHEFFLER.

„Getreuer Diener" wird am Gerichtstag die Auszeichnung derjenigen sein, die ein gutes Leben auf der Erde geführt haben. Nicht große Taten werden gelobt, sondern Treue. Die kleinsten Ministerien werden zu den auffälligsten zählen, wenn sie alles sind, was die schwachen Hände tun können. Tatsächlich waren die beiden Milben der Witwe wertvoller als die großen Münzen der reichen Männer.

„Zwei Milben, zwei Tropfen, aber ihr ganzes Haus und Land
fielen aus ernstem Herzen, aber zitternder Hand; der mutwillige Reichtum der anderen schäumte hoch und tapfer; die anderen warfen weg, sie gab nur."

Doch Treue als Maßstab für Anforderungen ist nicht ohne Anstrengung zu erreichen. Es ist kein Kissen für Trägheit. Es geht nicht darum, Verpflichtungen auf ein niedriges Niveau herabzusetzen, um das Leben leichter zu machen. Es ist in der Tat eine hohe Messung. „Du warst treu" ist die höchste Auszeichnung, die es gibt.

Es ist vielleicht nicht verkehrt, sich ein wenig mit der Bedeutung des Wortes als Maßstab für moralische Anforderungen zu befassen. Im Allgemeinen bedeutet es, dass wir unsere gesamte Arbeit so gut wie möglich erledigen. Zu unserer gesamten Arbeit gehören natürlich unser Geschäft, unser Gewerbe, unsere Haushaltspflichten, alle unsere täglichen Aufgaben sowie unser Beten, unser Bibellesen und unser Befolgen des Sittengesetzes. Wir dürfen nicht den Fehler machen zu glauben, dass die Art und Weise, wie wir die gemeinsame Arbeit in unserem Beruf oder in unserem Haushalt erledigen, oder unsere Arbeit auf dem Bauernhof, in der Mühle oder im Laden, keine Religion hat. Die Treue, die Christus fordert und empfiehlt, umfasst all diese Dinge. Oftmals ist es auch einfacher, in einer großen Prüfung, die großen Mut erfordert, treu zu bleiben, als bei den kleinen, unschönen Pflichten eines gewöhnlichen Tages. Phillips Brooks sagt: „Sie stellen sich die Schönheit von Tapferkeit und Standhaftigkeit vor. Sie lassen Ihre Fantasie voller Freude über die Erinnerung an Märtyrer schweifen, die für die Wahrheit gestorben sind. Und dann kommt eine kleine, erbärmliche, unangenehme Pflicht, nämlich Ihr Märtyrertum. die Lampe deines Öls; und wenn du es nicht tust, wie wird dein Öl vergossen! Wie flach, dünn und unbeleuchtet erstrahlt dein Gefühl gegenüber den Märtyrern über deinem selbstgefälligen Leben!"

Geigenliebhabern ist der Name Stradivari, dem alten Geigenbauer aus Cremona, ein Begriff. Er ist seit fast zweihundert Jahren tot und seine Geigen erzielen jetzt sagenhafte Preise. George Eliot legt in einem ihrer Gedichte dem alten Mann einige edle Worte in den Mund. Über die Meister, die auf seinen Geigen spielen werden, sagt er:

„Während Gott ihnen Fähigkeiten verleiht,
gebe ich ihnen Instrumente zum Spielen. Gott hat mich ausgewählt, um ihm zu helfen."

Er bezieht sich auf einen anderen Geigenbauer, seinen Rivalen, und sagt:

„Aber wenn er der Beste wäre,
könnte er nicht für zwei arbeiten. Meine Arbeit gehört mir, und ob Ketzerei oder nicht, wenn meine Hand nachlassen würde, würde ich Gott berauben – denn er ist in höchstem Maße gut – und eine Lücke statt Geigen hinterlassen." sage ich , nicht Gott selbst kann ohne die besten Männer, die ihm helfen, das Beste des Menschen machen.

Auf den ersten Blick mögen diese Worte tatsächlich ketzerisch und respektlos erscheinen, aber das sind sie nicht. Es ist tatsächlich wahr, dass selbst Gott unsere Arbeit nicht ohne uns, ohne unser Können und unsere Treue tun kann. Wenn wir scheitern oder unsere kleine Pflicht fahrlässig erfüllen, wird es eine Lücke oder eine Unschärfe geben, wo etwas Schönes hätte sein sollen. Ein anderer sagt: „Das Universum ist ohne meine gute Arbeit nicht ganz perfekt."

Ein Mann ist Zimmermann. Gott hat ihn zu dieser Arbeit berufen. Es ist seine Pflicht, Häuser zu bauen und sie gut zu bauen. Das heißt, er muss ein guter Zimmermann sein und die bestmögliche Arbeit leisten. Wenn er daher nachlässige, unvollkommene, unehrliche, unsaubere und herabwürdigende Arbeit verrichtet, beraubt er Gott und hinterlässt nur schlechte Zimmermannsarbeit, wo er gute hätte lassen sollen. Denn selbst Gott selbst wird die Häuser des Zimmermanns nicht ohne den Zimmermann bauen. Oder hier ist eine Mutter in einem Heim. Ihre Kinder kümmern sich um sie, mit ihren Bedürfnissen. Ihr Zuhause erfordert ihr Können, ihren Geschmack, ihre Vornehmheit, ihre Mühe und Fürsorge. Es ist ihre Berufung, eine gute Mutter zu sein und ihrem Haushalt ein wahres Zuhause zu bieten. Ihre Pflicht ist es, immer ihr Bestes zu geben, um ihr Zuhause schön, hell und glücklich zu machen, einen geeigneten Ort für das Aufwachsen ihrer Kinder. Treue erfordert, dass sie immer einen Dienst als Mutter leistet, den Jesus von ihrem Zuhause sagen wird: und sagte: „Sie hat getan, was sie konnte." Weniger als ihr Bestes zu geben bedeutet, in der Treue zu versagen. Angenommen, ihre Hand würde nachlassen, sie würde nachlässig werden, würde sie dann nicht eindeutig Gott berauben? Denn selbst Gott kann ohne sie kein schönes Zuhause für ihre Kinder schaffen.

Daher können wir das Prinzip auf alle Arten von Arbeiten anwenden. Die Treue, die Gott verlangt, muss sich auf alles erstrecken, was wir tun, auf die Art und Weise, wie das Kind seine Lektionen erhält und sie aufsagt, auf die Art und Weise, wie die Schneiderin und der Schneider ihre Nähte nähen, auf die Art und Weise, wie der Schmied das Eisen schweißt und das Pferd beschlägt. an die Art und Weise, wie der Klempner die Rohre in das neue Gebäude verlegt und sich um die Entwässerung kümmert, an die Art und Weise, wie der Zimmermann seine Arbeit am Haus verrichtet, an die Art, wie der Brückenbauer die Brücke über den Bach schwingt, an die Art und Weise, wie der Angestellte darstellt die Ware und misst bzw. wiegt sie. „Sei treu" ist das Wort , das vom Himmel aus in jedem Ohr ertönt . Gottes Wort für die Ausführung jeder Arbeit, die jemand tut. Wie schnell würde es aller Unehrlichkeit, jedem Betrug, jeder dürftigen Arbeit, allen falschen Gewichten und Maßen, allen Täuschungen, allen Vernachlässigungen oder Vernachlässigungen der Pflicht ein Ende bereiten, wenn diese Lektion nur überall gelernt und praktiziert würde!

„Es spielt keine Rolle", sagen die Leute, „ob ich meine kleine Arbeit gut mache oder nicht. Natürlich darf ich weder stehlen noch lügen, noch fälschen, noch den Sabbat brechen. Das sind moralische Dinge. Aber es gibt keine Sünde." weil ich diese Naht nachlässig vernäht habe, oder weil ich schlechten Mörtel in dieser Wand verwendet habe, oder weil ich minderwertiges Holz in dieses Haus eingebaut habe, oder weil ich ein Stück fehlerhaftes Eisen in diese Brücke eingebaut habe. Aber wir müssen lernen, dass das Sittengesetz überall gilt, in der Tischlerei, im Schmiedehandwerk oder im Schneiderhandwerk ebenso wie in der Sabbathaltung. Wir können diesem Gesetz niemals entkommen.

Außerdem ist es zum Wohle unseres Nächsten und zur Ehre des Gesetzes Gottes wichtig, wie wir unsere Arbeit erledigen. Der Maurer arbeitet nachlässig an den Wänden des Schornsteins, den er gerade einbaut, und eines Nachts, Jahre später, kriecht ein Funke durch den Spalt und erreicht einen dort liegenden Holzbalken, und bald steht das Haus in Flammen und vielleicht gehen wertvolle Leben zugrunde . Der Maurer war untreu. Der Gießer ist beim Gießen der großen Eisenstützen für eine Brücke einen Moment unaufmerksam, und eine Luftblase macht einen Fehler. Es ist im Herzen des Strahls vergraben und entgeht der Entdeckung. Eines Tages, Jahre später, ereignet sich eine schreckliche Katastrophe. Eine große Eisenbahnbrücke bricht unter der Last eines Schnellzuges zusammen und Hunderte von Menschen kommen ums Leben. In der gerichtlichen Untersuchung wird bezeugt, dass ein kleiner Fehler in einem Balken die Ursache für das schreckliche Unglück war, das so viele Leben in die Ewigkeit schleuderte. Der Gießer war untreu.

Dies sind nur Hinweise auf die Pflicht und ihre Bedeutung. Keine Arbeit kann von so geringer Bedeutung sein, dass es keine Rolle spielt, ob sie gewissenhaft ausgeführt wird oder nicht. Untreue in den kleinsten Dingen ist Untreue, und Gott ist betrübt, und möglicherweise kann irgendwann, irgendwo eine Katastrophe als Folge der Vernachlässigung eintreten. Auf der anderen Seite gefällt Gott die Treue, und sei es auch nur beim Fegen eines Zimmerbrunnens oder bei der sorgfältigen Erledigung der kleinsten Dinge im Haushalt. Dann ist der Einfluss der Treue weitreichend. Das Universum ist ohne die kleine gute Arbeit jedes Einzelnen nicht ganz vollständig.

Die Selbstkultur, die in der bloßen Gewohnheit der Treue steckt, ist an sich schon eine reiche Belohnung für all unser Streben. Es ist eine großartige Sache, uns darin zu üben, immer unser Bestes zu geben und eine möglichst perfekte Arbeit zu leisten. Michael Angelo sagte: „Nichts macht die Seele so rein, so religiös wie das Bestreben, etwas Vollkommenes zu schaffen; denn Gott ist Vollkommenheit, und wer danach strebt, strebt nach etwas, das Gott ähnlich ist." Die unnachgiebige Gewohnheit, alles mit größter Gewissenhaftigkeit zu tun, entwickelt in demjenigen, der so lebt, einen edlen und schönen Charakter.

KAPITEL XIII.

OHNE AXT UND HAMMER.

„Seelen werden wie Tempel gebaut –
basierend auf dem ewigen Gesetz der Wahrheit, sicher und standhaft, ohne
Fehler, durch den Sonnenschein, durch den Schnee, auf und ab geht das
Gebäude; jedes schöne Ding findet seinen Platz, jedes harte Ding verleiht
eine Anmut." „Jede Hand kann machen oder beschädigen."

Wir lesen vom Tempel Salomos, als er gebaut wurde, dass er aus im
Steinbruch vorbereiteten Steinen gebaut wurde, so dass beim Bau im Haus
weder Hammer noch Axt noch irgendein eisernes Werkzeug zu hören war.

„Kein Arbeiterstahl, keine schweren Äxte klingelten;
wie eine hohe Palme sprang der geräuschlose Stoff."

So kommt es, dass die große Arbeit des spirituellen Tempelbaus in dieser
Welt kontinuierlich weitergeht. Wir sind alle wirklich stille Baumeister. Das
Reich Gottes kommt nicht durch Beobachtung. Der göttliche Geist wirkt in
Stille, verändert die Herzen der Menschen, verwandelt Leben, tröstet
Kummer, entfacht Hoffnung in dunklen Herzen und wäscht scharlachrote
Seelen weiß wie Schnee. Der Prediger mag mit der Stimme eines Boanerges
sprechen, aber die Kraft, die die Herzen erreicht, ist nicht der Lärm des
Predigers; Still flüstert die göttliche Stimme in die Seele ihr Geheimnis der
Überzeugung, der Hoffnung oder der Stärke. Der Herr ist nicht im Sturm,
im Erdbeben, im Feuer, sondern im Klang der Sanftheit, im Flüstern des
Geistes, der durch die Seele atmet.

Die vielleicht beste Arbeit, die jeder von uns auf dieser Welt leistet, ist die,
die wir ohne Lärm erledigen. Worte geben Töne von sich, aber es sind nicht
die Töne, die Gutes bewirken, die traurige Gesichter erhellen, wenn
Menschen zuhören, die Tränen in Lachen verwandeln, die Hoffnung wecken,
die schwachen Herzen Mut machen – es ist nicht der Lärm unserer Worte ,
sondern die Gedanken, die die Worte tragen. Worte sind nur die plappernden
Boten, die die versiegelten Botschaften überbringen; und es sind die
Botschaften, die helfen und trösten. Wir machen vielleicht Lärm, während
wir arbeiten, aber es ist nicht unser Lärm, der das aufbaut, was wir an
Schönheit hinterlassen. Es ist das Leben, das baut, und das Leben schweigt.
Die Kraft, die in unseren Häusern wirkt, ist eine stille Kraft: Mutterliebe,
Vaterliebe, Geduld, Sanftmut, Gebet, Wahrheit, die Einflüsse der göttlichen
Gnade.

Das Gleiche gilt für die Entwicklung des persönlichen Charakters in jedem
von uns. Es mag überall um uns herum viel Lärm geben, aber in der Stille

wachsen wir aus tausend Quellen – den kleinen Blöcken, die an die Wände gelegt werden – den Lektionen , die wir von anderen erhalten, dem Einfluss, den Freunde auf uns ausüben, die Wahrheiten, die uns unsere Lektüre in den Sinn bringt, die Eindrücke, die das Leben in uns hinterlässt, die Inspirationen, die wir vom göttlichen Geist erhalten – immer sind die Erbauer an unseren Charakteren am Werk, aber sie arbeiten im Stillen, ohne Lärm von Hammer oder Axt.

Es gibt noch einen weiteren Vorschlag. Unten in den dunklen Steinbrüchen, unter der Stadt, arbeiteten die Männer, schnitten, behauen, polierten die Steine. Sie hängten ihre kleinen Lampen an die Wände und schlugen mit ihren Hämmern und Meißeln die großen Blöcke ab. Monate und Jahre vergingen; Dann fand eines Tages eine große Einweihung statt, und dort wurde im herrlichen Sonnenschein das ganze geheime, obskure Werk jener Jahre in seiner endgültigen Schönheit gesehen, inmitten der Freude einer Nation. Wenn die Männer, die in den Steinbrüchen gearbeitet hatten, an diesem Tag anwesend waren, was für eine Freude muss es für sie gewesen sein, an ihre Arbeit bei der Vorbereitung der großen Steine für ihren Platz in dem prächtigen Gebäude zu denken!

Hier ist ein Gleichnis. Diese Welt ist der Steinbruch. Wir schuften in der Dunkelheit. Wir können nicht erkennen, was jemals Gutes aus unserer einsamen, schmerzhaften und obskuren Arbeit hervorgehen wird. Doch eines Tages wird sich unsere Steinbrucharbeit in der Herrlichkeit des Himmels manifestieren. Wir bereiten jetzt und hier Materialien für den Tempel des großen Königs vor, der im Himmel im Laufe der Jahrhunderte langsam wächst. In all dem wundersamen Bau ist kein Hammer- oder Axtlärm zu hören, denn die Steine sind alle in dieser Welt geformt und poliert und völlig fertig gemacht.

Wir sind die Steine, und die Welt ist Gottes Steinbruch. Die Steine für den Tempel wurden aus dem großen Felsen in der dunklen unterirdischen Höhle herausgeschnitten. Sie waren rau und formlos. Dann wurden sie in Form gebracht, was viel Schneiden, Hämmern und Meißeln erforderte . Ohne diese strenge, harte Arbeit an den Steinen hätte keiner von ihnen jemals einen Platz im Tempel einnehmen können. Als sie schließlich fertig waren, wurden sie aus dem dunklen Steinbruch gehoben und auf den Berggipfel getragen, wo sich der Tempel erhob, und an ihrer Stelle niedergelegt.

Wir sind noch Steine im Steinbruch. Als wir Christus annahmen, wurden wir aus der großen Felsmasse herausgeschnitten. Aber wir waren noch rau und unförmig; nicht für den Himmel geeignet. Bevor wir für unseren Platz im himmlischen Tempel bereit sein können, müssen wir behauen und geformt werden. Der Hammer muss seine Arbeit verrichten und die Unebenheiten abbrechen . Der Meißel muss benutzt werden, um unser Leben in Schönheit zu schnitzen und zu polieren. Diese Arbeit wird in den vielen Prozessen des Lebens geleistet. Jedes sündige Ding, jeder Fehler in unserem Charakter ist eine raue Stelle im Stein, die herausgemeißelt werden muss . Alle krummen Linien müssen begradigt werden. Unser Leben muss so lange geschnitten und behauen werden, bis es dem vollkommenen Standard der göttlichen Wahrheit entspricht.

Steinbrucharbeiten sind nicht immer angenehm. Wenn Steine ein Herz und ein Gefühl hätten, würden sie manchmal vor Schmerzen aufschreien, wenn sie die Hammerschläge und den tiefen Schnitt des Meißels spüren. Doch der Arbeiter darf nicht auf ihre Schreie hören und seine Hand nicht zurückziehen, sonst würden sie schließlich als wertlose Blöcke beiseite geworfen werden, um nie wieder an den Ehrenplatz eingebaut zu werden.

Wir sind keine Steine; Wir haben ein Herz und ein Gefühl, und wir schreien oft auf, wenn der Hammer die Rauheiten in unserem Charakter wegschlägt . Aber wir müssen der schwierigen Arbeit nachgeben und sie weitergehen lassen, sonst werden wir nie unseren Platz als lebendige Steine im wunderschönen Tempel Christi haben. Wir dürfen unter dem scharfen Meißeln der Trauer nicht zusammenzucken. Dr. TT Munger sagt :

„Wenn Gott dich bedrängt, denke daran, er haue einen schroffen Stein , der geformt werden muss, sonst wird er als nutzlos weggeworfen."

Es gibt noch einen weiteren Hinweis auf diesen einzigartigen Tempelbau. Jedes individuelle Leben hat seine Steinbrüche, in denen die Blöcke geformt werden, die später zu Charakteren aufgebaut werden oder die in Handlungen Gestalt annehmen. Schulen sind die Steinbrüche, in denen durch jahrelanges geduldiges Lernen die Materialien für das Leben vorbereitet, der Geist diszipliniert, Gewohnheiten gebildet, Wissen erworben und Macht gespeichert werden. Später, im aktiven Leben, erhebt sich der Tempel ohne den Lärm von Hammer oder Axt. Häuser sind Steinbrüche, in denen Kinder erzogen werden, in denen die moralische Wahrheit im Herzen verankert ist, in denen die Elemente des Charakters wie schöne Steine herausgehauen werden, um später im Leben zum Vorschein zu kommen, wenn es unter den Menschen heranwächst.

Dann gibt es noch die Gedanken-Steinbrüche hinter dem, was die Menschen in jedem menschlichen Leben sehen. Männer müssen stille Denker sein, bevor ihre Worte oder Taten große Schönheit oder Macht haben können. Unzeitgemäßheit ist überall von geringem Wert. Leichtfertige, lockere Redner, die immer bereit sind, zu jedem Thema zu sprechen, die keine Zeit für die Vorbereitung benötigen, können ewig weiterplappern, aber ihr Gerede ist nur Geschwätz. Die Worte, die es wert sind, gehört zu werden, kommen aus Gedankensteinbrüchen, in denen sie oft in Kampf und Qual entstanden sind. Pater Ryan schreibt in einem seiner schönsten Gedichte über das „Tal der Stille", in dem er die Lieder vorbereitet, die er anschließend singt:

„In der Stille des Tals der Stille
träume ich alle Lieder, die ich singe; und die Musik schwebt das trübe Tal hinunter, bis jeder ein Wort zum Staunen findet,
das zu den Herzen, wie die Taube der Sintflut, eine Botschaft des Friedens ist." sie können bringen.

also von allen großartige Gedanken. Denker grübeln lange in der Stille und kommen dann hervor und ihre Beredsamkeit beeinflusst uns. So ist es auch mit der Kunst. Wir betrachten ein schönes Bild und unsere Herzen werden von seiner wundersamen Schönheit erwärmt. Aber kennen wir die Geschichte des Bildes? Hinter seiner bezaubernden Schönheit liegen viele Jahre des Nachdenkens und der unermüdlichen Arbeit. Oder hier ist ein Buch, das Sie verzaubert, das Sie begeistert und inspiriert. Auf seinen Seiten liegen großartige Gedanken. Kennen Sie die Geschichte des Buches? Der Autor lebte, kämpfte, schuftete, litt, weinte, um die Worte zu schreiben, die Ihnen jetzt helfen. Hinter jedem guten Lebensgedanken, der den Menschen ein Segen ist, liegt ein dunkler Steinbruch, in dem der Gedanke geboren und in die Schönheit der Form gebracht wurde, die ihn zu einem Segen für die Welt macht.

Oder hier ist ein edler und schöner Charakter. Das Gute erscheint ihm selbstverständlich. Es scheint für den Mann einfach zu sein, edel zu sein und edle Dinge zu tun. Aber auch hier liegt der Steinbruch hinter dem Tempel. Das Herz eines jeden Menschen ist der Steinbruch, aus dem alles hervorgeht, was der Mensch in sein Leben einbaut. „Wie er in seinem Herzen denkt, ist er auch." Alles, was in unserem Leben erscheint, kommt aus unseren Herzen. Alle unsere Handlungen sind erste Gedanken. Das Bild des Künstlers, das Gedicht des Dichters, das Lied des Sängers, das Gebäude des Architekten sind Gedanken, bevor sie zu Formen der Schönheit verarbeitet werden. Alle Gemütsverfassungen, Stimmungen, Gefühle, Worte und Taten beginnen im Herzen. Hätten die Arbeiter fehlerhafte Steine in den Höhlen abgebaut, wäre der Tempel zerstört worden. Ein böses Herz mit befleckten Gedanken, unreinen Vorstellungen und verschwommenen Gefühlen kann niemals einen fairen und liebenswerten Charakter aufbauen.

Wir müssen unseren Herzens-Steinbruch mit aller Sorgfalt bewachen, denn aus ihm gehen die Belange des Lebens hervor. Die Gedanken bauen das Leben auf und machen den Charakter aus. Weiße Gedanken spannen einen wunderschönen Stoff vor Gott und den Menschen auf. Beschmutzte Gedanken häufen ein beflecktes Leben an, ohne Schönheit oder Ehre. Wir sollten daher gut auf unsere Herzensgrube blicken, wo die Arbeit in der Dunkelheit ohne Unterlass weitergeht. Wenn alles stimmt, brauchen wir uns kaum um die Charakterbildung zu kümmern. Fleißiges Bewahren des Herzens führt zu einem Leben, das von der Welt unbefleckt ist.

Ein kleines Kind hatte die Seligpreisungen gelesen und wurde gefragt, welche der darin genannten Eigenschaften es sich am meisten wünsche. „Ich wäre lieber reinen Herzens", sagte sie. Als sie nach dem Grund für ihre Wahl gefragt wurde, antwortete sie: „Wenn ich nur ein reines Herz hätte, dann würde ich alle anderen Eigenschaften der Seligpreisungen in einem besitzen." Das Kind hatte recht. Ein reines Herz wird ein schönes Leben aufbauen, einen passenden Tempel für Christus. Wenn wir nach ihm über Gottes heilige Gedanken nachdenken, werden wir Gott ähnlich. Wenn wir ständig an Christus denken, wird die Schönheit Christi in unsere Seelen eindringen und in unseren Gesichtern leuchten.

KAPITEL XIV.

DINGE TUN, FOB CHRISTUS.

„Wir können ihm am besten dienen, indem wir denen helfen,
die es nicht wagen, den Saum seines heiligen Gewandes zu berühren. Ihr
Leben ist wie unseres – ein Stück, ein Plan. Ihn kennen wir nicht, ihn
werden wir nie kennen, bis wir ihn auch nur im geringsten sehen." von
denen, die leiden oder sündigen. In kranken Seelen liegt er gefesselt und
seufzt und bittet um unser Mitgefühl. Ihre dankbaren Augen schenken dir
deinen Segen, Bruder und Herr: „Du hast es mir angetan."
–LUCY LARCOM.

Wenn Christus hier wäre, sagen wir, würden wir viele Dinge für ihn tun. Die
Frauen, die ihn liebten, würden ihm gerne dienen, ebenso wie die Frauen, die
ihm aus Galiläa folgten. Die Männer, die seine Freunde sind, würden sich
bemühen, ihm auf jede erdenkliche Weise zu helfen. Die Kinder, die
versuchen, ihm zu gefallen, würden Besorgungen für ihn erledigen. Wir alle
sagen, wir würden uns freuen, ihm zu dienen, wenn er nur wieder auf unsere
Welt käme und unsere Häuser besuchen würde. Aber wir können genauso
wirklich Dinge für ihn tun, als ob er wieder in menschlicher Gestalt hier wäre.

Eine Möglichkeit, dies zu tun, besteht darin, ihm zu gehorchen. Er ist unser
Herr. Nichts gefällt ihm so gut wie unser Gehorsam. Es wird von einem
großen Philosophen erzählt, dass ein Freund eines Tages zu ihm kam und
von dessen kleiner Tochter unterhalten wurde, bis ihr Vater hereinkam. Der
Freund nahm an, dass das Kind eines so weisen Mannes etwas sehr
Tiefgründiges lernen würde. Also fragte er sie: „Was lehrt dich dein Vater?"
Die kleine Magd schaute ihm mit ihren klaren Augen ins Gesicht und sagte:
„Gehorsam." Das ist die einzige großartige Lektion, die unser Herr uns lehrt.
Er möchte, dass wir Gehorsam lernen. Wenn wir ihm immer gehorchen ,
werden wir immer Dinge für ihn tun.

Wir tun Dinge für Christus, die wir aus Liebe zu ihm tun. Selbst Gehorsam
ohne Liebe gefällt ihm nicht. Aber die kleinsten Dienste, die wir leisten
können, nimmt er an, wenn die Liebe sie inspiriert. So können wir die
alltäglichen Aufgaben unseres Lebens zu heiligen Diensten machen, so heilig
wie das, was die Engel tun. Es gibt eine Legende von einem Mönch, der in
einer alten Klosterzelle Bilder von Märtyrern und Heiligen sowie vom süßen
Christusgesicht mit der Dornenkrone malte. Männer nannten seine Bilder
nur Klecksereien.

„Eines Nachts sinnierte der arme Mönch: ‚Könnte ich
Christus nicht Ehre erweisen, wie es andere Maler tun? Wäre nur mein

Können so groß wie die zärtliche Liebe, die mich inspiriert, wenn ich sein Kreuz betrachte.'

„,Aber nein, es ist vergeblich, ich arbeite und mühe mich in Trauer. Was der Mensch so verachtet, kann
er noch weniger bewundern;
mein Lebenswerk ist alles wertlos; morgen werde ich meine schlecht gemachten Bilder ins Feuer werfen.'

„Er hob seine Augen in seiner Zelle – O Wunder!
Da stand ein Besucher; dornengekrönt war Er; und eine süße Stimme, die die Stille zerriss: ,Ich verachte keine Arbeit, die aus Liebe zu mir getan wird.'

„Und rund um die Wände leuchteten die Gemälde
mit Lichtern und Farben, die dieser Welt unbekannt waren. Eine vollkommene Schönheit und ein transzendenter Farbton, der noch nie auf einer sterblichen Leinwand geleuchtet hat."

Die alte Legende hat eine schöne Bedeutung. Christus verachtet keine Arbeit, die aus Liebe zu ihm getan wird. Die meisten von uns haben in ihrem Leben viel Plackerei zu bewältigen, aber selbst diese können wir ruhmvoll machen, indem wir sie aus Liebe zu Christus tun.

Dinge, die wir im Namen Christi für andere tun, werden für ihn getan. Wir alle erinnern uns an dieses wunderbare „Insofern" im 25. Matthäusevangelium. Wenn wir den Kranken oder Armen finden und hingehen und dem Herrn dienen, so gut es uns möglich ist, wird die Tat angenommen, als wäre sie ihm persönlich angetan worden. Frau Margaret J. Preston erzählt in einem ihrer wunderschönen Gedichte von einer müden Schwester, die sehr trauerte, weil sie ihrer Meinung nach nicht in der Lage gewesen war, für Christus zu arbeiten. Am Sterbebett einer Mutter hatte sie versprochen, sich um ihre kleine Schwester zu kümmern, und die Arbeit für das Kind füllte ihre Hände so sehr, dass sie für nichts anderes Zeit hatte. Während sie einmal so trauerte, regte sich die kleine Schwester, die neben ihr schlief, und erzählte ihr von einem süßen, seltsamen Traum, den sie gehabt hatte. Sie dachte, ihre Schwester sitze traurig da, weil der König jedem geboten hatte, ihm ein Geschenk zu bringen.

„Und in meinem Traum sah ich dich dort
und hörte dich sagen: ,Keine Hände können ein Geschenk ertragen, die so voller Fürsorge sind.'

„Was kümmert's?" sagte der König, und er lächelte
, als er deine Antwort mit wildem Wehklagen hörte: „Ich arbeite nur, um ein Kind zu ernähren."

„Und dann flüsterte er mit solch einem göttlichen Blick
(der mich mit seinem Glanz weckte):
,Aber das Kind gehört mir.'"

Es gibt viele, für die dieses kleine Geschichtengedicht süßen Trost spenden
sollte. Es gibt Väter und Mütter, denen es schwerfällt, für ihre Kinder zu
sorgen. Es braucht all ihre Zeit und Kraft, und manchmal sagen sie: „Ich
kann keine Arbeit für Christus tun, weil es jeden Moment braucht, um Brot
und Kleidung für meine Kleinen zu verdienen und für sie zu sorgen." Aber
Jesus flüstert: „Ja, doch deine Kinder gehören mir, und was du für sie tust,
tust du für mich."

In einem Heim gibt es einen Kranken, der die ganze Zeit und
Aufmerksamkeit eines anderen Haushaltsmitglieds in liebevoller
Aufmerksamkeit benötigt. Es kann sich um einen betagten Elternteil
handeln, der die Hilfe eines Kindes benötigt; Es kann sich um ein
verkrüppeltes, blindes oder krankes Kind handeln, das die volle Fürsorge
seiner Eltern benötigt. oder es kann ein gesundheitlich angeschlagener
Bruder sein, auf den eine Schwester ständig mit geduldiger Liebe warten soll.
Und manchmal haben diejenigen, von denen verlangt wird, dass sie ihre Tage
und Nächte im Dienst für andere verbringen, das Gefühl, dass ihr Leben im
Dienst für Christus nichts zählt. Sie hören die Rufe nach Arbeitskräften und
Dienst, können aber nicht antworten. Ihre Hände sind bereits gefüllt. Doch
Jesus flüstert: „Diese, für die du dich abmühst, für die du dich kümmerst und
für die du Zeit und Kraft aufwendest, gehören mir, und indem du für sie tust,
tust du für mich eine ebenso akzeptable Arbeit wie diejenigen, die ohne
Ablenkung oder Behinderung im Freien arbeiten." Feld."

Manchmal scheitert die Arbeit, die wir mit reinster Liebe für Christus tun,
oder scheint keine Ergebnisse zu erzielen. Daraus scheint nichts geworden
zu sein. Es gibt ganze Lebenszeiten gottesfürchtiger Menschen, die scheinbar
nichts zu bringen scheinen. Über diese Art des Handelns für Christus sollte
ein Wort gesagt werden. Wir müssen ausnahmslos festhalten, dass kein Werk,
das im Namen Christi und in Liebe zu ihm geleistet wurde, jemals verloren
geht. Was wir in unserer begrenzten, kurzsichtigen Vision geplant hatten,
wird vielleicht nicht erreicht, aber Gottes Absicht setzt sich in jedem
geweihten Leben, in jeder wahrhaftigen Tat fort. Die Jünger dachten, Marias
kostbare Salbe sei verschwendet worden. So schien es; Aber diese Welt ist
ein wenig süßer, seit die Vase zerbrochen ist, durch die das Parfüm in die
allgemeine Luft entweichen konnte. So ist es mit vielen Dingen, die getan
werden, und mit vielen Leben, die gelebt werden. Sie scheinen zu scheitern,
und es gibt nichts auf der Welt, das zeigt, wo sie waren. Doch irgendwie ist
der Vorrat an menschlichem Glück größer und die Welt ein wenig besser.

Unsere Arbeit für Christus, die in dem, was wir beabsichtigt haben, scheitert, kann auf andere Weise doch einen Segen hinterlassen. Eine treue Bibellehrerin besuchte viele Monate lang einen jungen Mann, ein Mitglied ihrer Klasse, der krank war. Sie las ihm aus der Bibel vor, sang süße Kirchenlieder und betete an seinem Bett. Er war kein Christ und sie hoffte, dass er zu Christus geführt würde. Aber schließlich erholte er sich und ging unverändert oder noch gleichgültiger gegenüber seinen spirituellen Interessen wieder hinaus. Die ganze Arbeit des treuen Lehrers schien vergeblich gewesen zu sein. Dann erfuhr sie, dass ein gebrechliches, behindertes Mädchen, das in einem Nebenhaus lebte, durch die liebevolle Arbeit, die für den unvorsichtigen Gelehrten geleistet wurde, zu Christus gebracht worden war. Die Lieder, die am Krankenbett des Kranken gesungen wurden und die scheinbar keinen Segen in seinem Herzen hinterlassen hatten, waren durch die dünne Hauswand im Krankenzimmer des Mädchens zu hören und hatten ihr von der Liebe des Erlösers erzählt .

Die Aufzeichnungen über den christlichen Dienst sind voll von solch guter Arbeit, die unbeabsichtigt geleistet wird. Das Versäumnis, einen Segen dort zu hinterlassen, wo man gehofft hatte, dass er angenommen werden würde, hat ein anderes Leben gesegnet. Wir dürfen nicht sagen, dass ein gutes Werk gescheitert ist, bis wir in der letzten großen Ernte alle Ergebnisse unserer Taten und Worte kennen.

„Nicht alle, die zu scheitern scheinen, sind in der Tat gescheitert.
Nicht alle, die scheitern, haben daher umsonst gearbeitet. Denn all unsere Taten führen zu vielen Problemen Der Herr wird in seiner eigenen Zeit (dies sei das stolze, demütige Glaubensbekenntnis des Arbeiters) solche Ziele schaffen, wie in seiner Weisheit, dem passendsten Glockenspiel mit den ewigen Harmonien seiner großen Liebe. Es gibt kein Scheitern für die Guten und Weisen; was, wenn dein Same fallen sollte am Wegesrand, und die Vögel schnappen es? – Doch die Vögel werden gefüttert; oder sie mögen es weit über die Flut tragen, um reiche Ernten zu bringen, nachdem du tot bist.

Viele Menschen sterben und sehen noch keine Ernte von der Aussaat ihres Lebens. Sie sind am Ende ihrer Jahre angelangt und ihre Hände sind leer. Aber wenn sie in den Himmel kommen, werden sie feststellen, dass sie die ganze Zeit dort wirklich gebaut haben, dass die Dinge, die scheinbar keine Wirkung auf der Erde hinterlassen haben, in den Perlentoren herrliche Ergebnisse hinterlassen haben.

„Der Himmel hat kein Ende,
und die Sterne sind überall, und die Zeit ist die Ewigkeit, und das Hier ist dort drüben; denn die gemeinsamen Taten des gemeinsamen Tages läuten in der Ferne Glocken."

Auch wenn die Arbeit, die wir tun, selbst keine Aufzeichnungen hinterlässt, hinterlässt die Arbeit, die wir tun, Spuren – einen Eindruck – in unserem eigenen Leben. Es gibt ein Wort in der Heiligen Schrift, das besagt: „Wer den Willen Gottes tut, bleibt in Ewigkeit." Gottes Willen zu tun, stärkt unseren Charakter dauerhaft. Jeder Gehorsam verleiht der Seele einen neuen Hauch von Schönheit. Jede wahre Tat, die wir im Namen Christi tun, hinterlässt eine unvergängliche Spur in unserem eigenen Leben, auch wenn sie sonst nirgendwo im Universum Gottes Spuren hinterlässt . Jede Tat selbstloser Güte, die wir mit Liebe zu Christus im Herzen vollbringen, hinterlässt ihren sicheren Segen für uns selbst, auch wenn sie keiner anderen Seele auf der ganzen Welt ein Segen ist .

Vor Tausenden von Jahren fiel ein Blatt auf den weichen Lehm und schien verloren zu sein. Aber letzten Sommer brach ein Geologe bei seinen Streifzügen mit seinem Hammer ein Stück Stein ab , und da lag das Bild des Blattes mit jeder Linie, jeder Ader und all dem feinen Maßwerk, das über diese Jahrhunderte im Stein erhalten geblieben war. So scheinen die Worte, die wir sprechen, und die Dinge, die wir heute für Christus tun, verloren zu sein, aber in der großen letzten Offenbarung werden die kleinsten von ihnen zum Ruhme Christi und zur Belohnung des Handelnden zum Vorschein kommen.

Kapitel XV.

HELFEN UND ÜBERHILFE.

die vielen Reisenden auf unserem Weg
treffen und berühren
, möge jeder dieser kurzen Kontakte ein herrlicher, hilfreicher Dienst sein;
segne jeden und segnete jeden."

Sogar Freundlichkeit kann übertrieben sein. Man könnte zu sanft sein. Liebe kann andere von ihrer Pflicht abhalten und so ihr Schicksal ruinieren. Wir müssen uns davor hüten, uns in die Disziplin Gottes einzumischen, die Erfahrung abzumildern, dass er hart sein will, und unseren Freund vor dem Wind zu schützen, den er eiskalt wehen will. Der ganze Sommer über ist keine gute Wohngegend; Wir brauchen Herbst und Winter, um die Hitze zu mildern und die Vegetation vor einem üppigen Überwuchern zu bewahren. Das Beste, was wir für andere tun können, ist nicht immer, ihre Last auf sich zu nehmen oder ihre Pflicht für sie zu erfüllen.

Natürlich sollen wir anderen helfen. Kein Ziel sollte in unserer Lebensplanung höher gestellt werden als das der persönlichen Hilfsbereitschaft. Das Motto des wahren Christen kann nicht anders sein als das des Meisters: „Nicht dienen lassen, sondern dienen." Sogar in dem Ehrgeiz, Reichtum anzuhäufen und zu behalten, muss der Geist des Wunsches, wenn wir überhaupt Christen sind, darin bestehen, dass wir dadurch anderen hilfreicher werden; dass wir durch oder mittels unseres Reichtums in die Lage versetzt werden, immer größeres Gutes zu tun. Welche Gabe, Macht oder Besitz wir auch haben, die wir nicht auf diese Weise nutzen wollen, sie ist noch nicht wirklich Gott gewidmet. Obst ist eine Charakterprobe, und der Zweck von Obst besteht nicht darin, den Baum oder den Weinstock zu schmücken, sondern den Hunger zu stillen. Was auch immer wir sind, was auch immer wir haben, ist Frucht und muss gehalten werden, um den Hunger anderer zu stillen. Daher ist persönliche Hilfsbereitschaft das Ziel jedes wahrhaft geweihten Lebens. Soweit wir für uns selbst leben, sind wir keine Christen.

Dann gibt es viele Möglichkeiten, anderen zu helfen. Manche Menschen helfen uns auf materielle Weise. Es ist eine noch höhere Art von Hilfe, die wir von denen erhalten, die sich um unsere geistigen Bedürfnisse kümmern, die Bücher schreiben, die uns bezaubern, belehren und unterhalten. Der Geist ist größer als der Körper. Brot, Kleidung, Möbel und Häuser werden unsere intellektuellen Gelüste nicht befriedigen. Es gibt jedoch diejenigen, die uns in diesen höheren Bereichen helfen. Musik, Poesie und Kunst dienen sowohl unserer Befriedigung als auch unserer Kultur. Gute Bücher bringen uns unschätzbare Vorteile. Sie erzählen uns von neuen Welten und inspirieren uns, sie zu erobern. Sie zeigen uns hohe und edle Ideale und regen uns an, sie zu erreichen. Sie machen uns größer, besser, stärker. Die Hilfe, die wir durch Bücher erhalten, ist unkalkulierbar.

Doch die wahrhaftigste und beste Hilfe, die jemand anderen geben kann, besteht nicht in materiellen Dingen, sondern in einer Weise, die sie stärker und besser macht. Geld ist ein gutes Almosen, wenn Geld wirklich benötigt wird, aber im Vergleich zu den göttlichen Gaben Hoffnung, Freundschaft, Mut, Mitgefühl und Liebe ist es dürftig und dürftig. Normalerweise ist die Hilfe, die Menschen brauchen, nicht so sehr die Erleichterung ihrer Last, sondern vielmehr die frische Kraft, die es ihnen ermöglicht, ihre Last zu tragen und ihr standzuhalten. Das Beste, was wir für einen anderen tun können, hat jemand gesagt, ist nicht, ihm manche Dinge leicht zu machen, sondern etwas aus ihm zu machen.

Gerade hier macht die Freundschaft die meisten Fehler. Es hilft übertrieben. Es hilft, indem es Erleichterung bringt, indem es Lasten wegnimmt, indem es Hindernisse aus dem Weg räumt, obwohl es viel klüger wäre, wenn es darum geht, Hoffnung, Kraft und Energie zu vermitteln. „Unsere Freunde", sagt Emerson, „sind diejenigen, die uns dazu bringen, das zu tun, was wir können." Ein anderer Autor sagt: „Unser wahrer Freund ist nicht der Mann oder die Frau, die unsere Schwierigkeiten ausbügelt, einen Mantel über unsere Fehler wirft, zwischen uns und den Strafen steht, die unsere Fehler über uns gebracht haben, sondern der Mann oder die Frau, die uns verständlich macht." uns selbst und hilft uns, bessere Dinge zu erreichen. Liebe ist schwach und verwöhnt und schmeichelt zu oft. Er denkt, dass Loyalität es erfordert, dem geliebten Menschen das Leben so einfach wie möglich zu machen.

Allzu oft ist unsere Freundschaft in dieser Hinsicht sehr kurzsichtig und am verletzendsten für diejenigen, denen wir unbedingt helfen möchten. Wir sollten die Schwäche anderer niemals nachgeben oder fördern, wenn wir sie auf irgendeine Weise zu Stärke anregen können. Wir sollten niemals etwas für einen anderen tun, wozu wir ihn inspirieren können. An diesem Punkt fehle viel elterliche Zuneigung. Kindern wird das Leben zu einfach gemacht. Sie sind geschützt, obwohl es besser wäre , wenn sie dem Sturm trotzen würden. Sie werden vor Mühsal und Anstrengung gerettet, wenn Mühsal und Mühsal für sie Gottes verordnete Gnadenmittel sind, die ihnen die Eltern in ihrer Überzärtlichkeit rauben. Es gibt Kinder, denen durch die Grausamkeit und Unmenschlichkeit ihrer Eltern Unrecht zugefügt wird und deren Schreie zum Himmel den Thron des Ewigen ins Wanken bringen; Aber es gibt auch Kinder, denen durch die übermäßige Güte der Eltern vieles Unrecht geschieht, was das Edelste und Beste ihres Erbes ist.

Auch in jeder herzlichen Freundschaft besteht die starke Versuchung, denselben Fehler zu begehen. Wir müssen immer auf der Hut sein, nicht zu viel zu helfen. Unser Ziel sollte es immer sein, in unserem Freund neue Energie zu wecken, in ihm die edelste Kraft zu entwickeln und seine beste Männlichkeit zum Vorschein zu bringen. Übermäßiges Helfen macht diese freundschaftlichen Ämter zunichte.

Es gibt einen bestimmten Punkt, an dem durchaus Vorsicht geboten ist. Wir müssen unser Mitgefühl bewahren, wenn wir diejenigen trösten und ihnen helfen möchten, die leiden oder in Schwierigkeiten jeglicher Art sind. Es mag hart klingen, aber die Krankheit wird oft durch das Mitleid von Freunden verschlimmert. Bei schwachen Naturen besteht die Tendenz, sich einer Krankheit hinzugeben, ihre Symptome zu übertreiben, sich vorzustellen, dass sie ernster sei, als sie wirklich ist, und leicht ihrem Einfluss zu erliegen. Sie finden Ihren Freund unpässlich und äußern viel Mitgefühl, ermutigen oder suggerieren Ängste und fordern sofortige medizinische Hilfe. Sie denken, Sie hätten Freundlichkeit gezeigt, aber höchstwahrscheinlich haben Sie schwere Verletzungen verursacht. Sie haben einen deprimierenden Einfluss hinterlassen. Ihr Freund ist entmutigt und alarmiert. Du hast ihn schwächer gemacht, nicht stärker.

Es mag hartherzig erscheinen, den Anschein zu erwecken, dass man mit Invaliden und solchen, die leicht oder sogar schwer krank sind, kein Mitleid hat; sich nicht für ihre Beschwerden zu interessieren; ihnen keine bedauernden Dinge zu sagen; Aber eigentlich gehört es zu wahrer Freundschaft, kranken Menschen im Kampf gegen ihre Krankheiten zu helfen. Wir sollten uns daher davor hüten, Worte zu sagen, die sie entmutigen, ihre Angst verstärken, ihre Gedanken an ihre Krankheit übertreiben oder sie in ihrem Kampf schwächen. Andererseits sollten wir Worte sagen, die sie ermutigen und stärken und sie mutiger für den Kampf machen. Unsere Pflicht ist es, ihnen zu helfen, gesund zu werden.

Vielleicht ist genau die Medizin, die sie brauchen, ein flüchtiger Blick auf die heitere Stimmung. Kranke Menschen verfallen oft in eine Stimmung der Entmutigung und des Selbstmitleids, die ihre Genesung ernsthaft verzögert. Sich dann neben sie zu setzen, in ihre düstere Stimmung zu verfallen und mitfühlend ihren entmutigten Worten zu lauschen, bedeutet, ihnen große Unfreundlichkeit zu erweisen. Die wahre Aufgabe der Freundschaft besteht in solchen Fällen darin, die Entmutigung zu vertreiben und dem wunden Herzen Hoffnung und Mut zu geben. Wir müssen versuchen, unseren kranken Freund mutiger zu machen, seine Leiden zu ertragen.

Dann sollten wir auch in der Heiligkeit des Kummers niemals vergessen, dass unsere Mission gegenüber anderen nicht nur darin besteht, mit ihnen zu weinen, sondern ihnen zu helfen, siegreich zu sein, ihren Kummer als Boten

Gottes zu empfangen und sich selbst als Gottes zu betrachten Kinder darunter. Anstatt unseren Freunden in Zeiten der Trauer nur emotionales Beileid auszusprechen, sollten wir versuchen, ihnen den starken Trost der göttlichen Liebe darzubringen und sie dazu zu inspirieren, ihre Trauer im Glauben, in der Hoffnung und in der Freude zu ertragen.

Daher sollte jede persönliche Hilfsbereitschaft klug und rücksichtsvoll sein. Es sollte niemals dazu tendieren, Schwäche zu verhätscheln, Abhängigkeit zu fördern, Menschen schüchtern zu machen, Männlichkeit und Weiblichkeit zu schwächen, Schmarotzer aus denen zu machen, die sich mit ihren Lasten und Bedürfnissen an uns wenden. Wir müssen darauf achten, dass unsere Hilfe kein Leben in den Schatten stellt, das wir vielmehr zu edlem und schönem Wachstum anregen sollten. Gott macht niemals solche Fehler. Er lässt uns in Not nie im Stich, aber er liebt uns zu sehr und ist zu weise, uns von den Lasten zu befreien, die wir für ein gesundes und kräftiges Wachstum benötigen. Wir sollten von Gott lernen und helfen, wie er hilft, ohne zu viel zu helfen.

Kapitel XVI.

DER EINZIGE.

„Vor dem ungeheuren Unrecht setzt er ihn nieder –
einen Mann gegen eine von Steinmauern umgebene Stadt der Sünde. * * * *
* * Wenn sich der rote Staub verzogen hat, steht der einsame Soldat mit
seltsamen Gedanken unter den freundlichen Sternen." – ÄH SILL.

Es gibt sehr viele Menschen auf dieser Welt – Hunderte Millionen, gemessen
an der Bevölkerungszahl. Doch in gewisser Weise ist jeder von uns der
Einzige. Jedes einzelne Leben hat seine eigenen Beziehungen, in denen es
allein stehen muss und in die kein anderes Leben hineinkommen kann.
Kameradschaften mögen eng sein und viel Trost und Inspiration spenden,
aber in der inneren Bedeutung des Lebens lebt jeder Einzelne isoliert und
allein. Niemand kann dein Leben für dich leben. Niemand außer Ihnen selbst
kann Ihre Fragen beantworten, Ihrer Verantwortung nachkommen und Ihre
Entscheidungen und Entscheidungen treffen. Deine Beziehung zu Gott
kann niemand außer dir selbst erfüllen. Niemand kann für dich glauben.
Tausend Freunde mögen dich umkreisen und für deine Seele beten, aber
solange du dein eigenes Herz nicht zum Gebet erhebst, kommt keine
Verbindung zwischen dir und Gott zustande. Niemand außer dir selbst kann
die Vergebung deiner Sünden erlangen. Niemand kann Gott für dich
gehorchen. Kein anderer kann Ihre Arbeit für Christus tun oder vor dem
Richterstuhl Rechenschaft ablegen.

Auch im Bereich der Erfahrung gilt das Gleiche. Jeder Mensch leidet alleine,
als gäbe es kein anderes Wesen im Universum. Freunde mögen uns in
unseren Stunden des Schmerzes oder der Trauer zur Seite stehen und mit
uns sympathisieren oder Trost oder Linderung spenden, aber sie lassen sich
nicht wirklich auf die Erfahrungen ein. Damit sind wir allein. Niemand kann
deinen Versuchungen für dich begegnen, deine Schlachten schlagen oder
deine Prüfungen ertragen. Die zärtlichste Freundschaft, die heiligste Liebe
können nicht in die Einsamkeit eingehen, in der jeder von uns getrennt lebt.

„Immer noch in jedem Herzen des Herzens eine verborgene tiefe
Lüge, die von ihren Liebsten und Besten nie ergründet wird."

Diese Einsamkeit des Lebens wird manchmal im Bewusstsein sehr real. Alle
großen Seelen erleben es, wenn sie sich in ihren Gedanken, Hoffnungen und
Sehnsüchten aus der Masse der Menschen erheben und über sie hinausragen,
wenn sich Berge aus der Ebene des Tals und kleiner Hügel erheben. Alle
großen Anführer der Menschen müssen oft alleine dastehen, da sie den
Reihen ihrer Anhänger voraus sind. Die Kämpfe um Wahrheit und
Fortschritt wurden normalerweise von einsamen Seelen geführt. Elia zum

Beispiel gab es in einer Zeit der Entmutigung und Verzweiflung als Teil der außergewöhnlichen Bürde seines Lebens, dass er der Einzige war, der für Gott auf dem Feld war. So ist es in allen großen Epochen; Gott beruft einen Mann, für ihn einzustehen. Wie Robert Browning sagt: –

„In einem außergewöhnlichen Leben,
wenn alte Dinge enden und neue beginnen, ist ein einsamer großer Mann
die Welt wert. Gott nimmt das Geschäft in dieser Zeit selbst in die Hand."

Aber die Erfahrung ist nicht nur die von großen Seelen; Es gibt Zeiten im Leben eines jeden, der treu und würdig lebt, in dem er allein für Gott einstehen muss, ohne Kameradschaft, vielleicht ohne Mitgefühl oder Ermutigung. Hier ist ein junger Mensch, der einzige seiner Familie, der sich zu Christus bekannt hat. Er nimmt ihn als seinen Erlöser , tritt dann vor die Welt und schwört, ihm zu gehören und ihm zu folgen. Er geht zurück in sein Zuhause. Die Mitglieder des Heimatkreises liegen ihm sehr am Herzen; aber keiner von ihnen ist Christ, und er muss unter ihnen allein für Christus eintreten. Vielleicht widersetzen sie sich ihm in seiner Jüngerschaft – in unterschiedlichem Ausmaß, so oft ist die Erfahrung. Vielleicht sind sie nur gleichgültig, machen keinen Widerstand und beobachten nur ruhig sein Leben, um zu sehen, ob es konsistent ist. In jedem Fall muss er jedoch allein für Christus eintreten, ohne die Hilfe, die ihm die Kameradschaft bietet.

Oder es kann sein, dass der junge Christ in der Werkstatt oder in der Schule alleine dastehen muss. Voller edler Impulse kehrt er vom Tisch des Herrn zu seinen täglichen Pflichten zurück, findet sich aber als einziger Christ an dem Ort wieder, wohin ihn seine Pflicht führt. Seine Gefährten sind bereit zu höhnen und zeigen mit irritierenden Schimpfwörtern verächtlich auf ihn. Oder sie verfolgen ihn sogar auf kleinliche Weise. Zumindest sind sie nicht Christi Freunde, und als Anhänger des Meisters findet er in seinem neuen Leben bei ihnen keine Sympathie. Er muss in seiner Jüngerschaft allein dastehen und sich ständig bewusst sein, dass unfreundliche Blicke auf ihn gerichtet sind. Manchem jungen oder älteren Christen fällt es sehr schwer, der Einzige zu sein, der in dem Kreis, in dem seine tägliche Arbeit seinen Platz festlegt, für Christus einsteht.

Dieses Alleinsein bringt eine große Verantwortung mit sich. Sie sind zum Beispiel der einzige Christ in Ihrem Zuhause. Sie sind der einzige Zeuge, den Christus in Ihrem Haus hat, der einzige, durch den er seine Liebe, seine Gnade und seine Heiligkeit offenbaren kann. Sie sind der Einzige, der Christus in Ihrer Familie vertritt, um dort die Schönheit Christi, die Süße und Sanftmut Christi zu zeigen, um dort die Werke Christi zu tun, die Dinge, die er tun würde, wenn er bei Ihnen zu Hause leben würde. Vielleicht hängt die Erlösung aller Seelen Ihrer Familie davon ab, dass Sie an Ihrem eigenen Platz treu und treu sind. Wenn Sie in Ihrer Loyalität ins Wanken geraten, wenn Sie

Ihrer Pflicht nicht nachkommen, können Ihre Lieben verloren gehen und die Schuld liegt bei Ihnen; Ihr Blut wird auf dir sein.

Wenn Sie der einzige Christ in dem Geschäft, dem Laden oder dem Büro sind, in dem Sie arbeiten, liegt in ähnlicher Weise eine besondere Verantwortung auf Ihnen, eine Verantwortung, die kein anderer mit Ihnen teilt. Du bist der einzige Zeuge Christi an deiner Stelle. Wenn Sie dort nicht für ihn aussagen, gibt es keinen anderen, der es tun wird. Frau Havergal erzählt von ihren Erfahrungen in der Mädchenschule in Düsseldorf. Sie ging dorthin, bald nachdem sie Christin geworden war und sich zu Christus bekannt hatte. Ihr Herz war voller Liebe zu ihrem Erlöser und sie wollte unbedingt für ihn sprechen. Zu ihrem Erstaunen erfuhr sie jedoch bald, dass sie unter den hundert Mädchen in der Schule die einzige Christin war. Ihr erster Gedanke war bestürzt – sie konnte sich in dieser großen Gesellschaft weltlicher, unchristlicher Gefährten nicht zu Christus bekennen. Ihr sanftes, sensibles Herz schreckte vor einer so harten Pflicht zurück. Ihr zweiter Gedanke war jedoch, dass sie nicht davon absehen konnte, sich zu Christus zu bekennen. Sie war die Einzige, die Christus dort hatte, und sie musste treu sein. „Das war sehr ermutigend", schreibt sie. „Ich spürte, dass ich um Christi willen versuchen musste, meiner Berufung würdig zu wandeln. Es erweckte einen neuen und starken Wunsch, für meinen Meister Zeugnis abzulegen Diese Tat würde meinen Meister in Misskredit bringen. Sie erkannte, dass sie in dieser Schule eine Mission hatte, dass sie dort die Zeugin Christi war, seine einzige Zeugin, und dass sie es nicht wagen durfte , zu scheitern.

Dasselbe Verantwortungsbewusstsein ruht auf jedem nachdenklichen Christen, der dazu berufen ist, der einzige Zeuge Christi an einem Ort zu sein – zu Hause, in einer Gemeinde, in einem Geschäft, einer Schule, einem Geschäft oder einem sozialen Umfeld. Er ist dort der einzige Diener Christi, und er darf nicht untreu sein, sonst könnte das ganze Werk Christi an diesem Ort scheitern. Er ist das einzige Licht, das dort für seinen Meister scheinen soll, und wenn sein Licht verborgen bleibt, wird die Dunkelheit keine Linderung erfahren. Es liegt also eine besondere Inspiration in diesem Bewusstsein, der Einzige zu sein, den Christus an einem bestimmten Ort hat.

In gewisser Weise gilt dies auch für jeden von uns zu jeder Zeit. Wir sind wirklich immer der Einzige, den Christus an dem jeweiligen Ort hat, an dem wir stehen. Es kann sein, dass es Tausende anderer Leben um uns herum gibt. Wir sind möglicherweise nur einer einer großen Gruppe, einer großen Gemeinde, einer bevölkerungsreichen Gemeinschaft. Doch jeder von uns führt ein Leben, das allein in seiner Verantwortung, seiner Gefahr, seiner Mission und Pflicht ist. Es mag hundert andere neben mir geben, aber keiner von ihnen kann meinen Platz einnehmen, meine Pflicht erfüllen, meine Mission erfüllen oder meine Verantwortung tragen. Obwohl jeder der anderen Hundert seine Arbeit erledigt, und zwar perfekt, wartet meine Arbeit auf mich, und wenn ich sie nicht mache, wird sie nie erledigt.

Wir können verstehen, dass die Folgen äußerst katastrophal gewesen wären, wenn der große Prophet Gott an dem Tag im Stich gelassen hätte, als er der einzige war, der für ihn einstehen musste. die Sache Gottes hätte irreparabel gelitten. Aber sind wir sicher, dass das Unglück für das Königreich Christi geringer wäre, wenn einer von uns an einem gewöhnlichen Tag Gott in seiner bescheidenen Stellung im Stich lassen würde?

Es werden Geschichten von einem Kind erzählt, das ein kleines Leck im Deich findet, der das Meer von Holland trennt, und es mit seiner Hand stoppt, bis Hilfe kommt, und die ganze Nacht dort bleibt und mit seiner kleinen Hand die Fluten zurückhält. Es war nur ein winziger, rieselnder Bach, den er zurückhielt; Hätte er es jedoch nicht getan, wäre es bald zu einem reißenden Strom geworden, und noch vor dem Morgengrauen wäre das Meer über das Land hinweggeschwemmt und hätte Felder, Häuser und Städte überschwemmt. Zwischen dem Meer und all dieser Verwüstung war nur die Hand eines Jungen. Hätte das Kind versagt, wären die Fluten hereingebrochen und hätten ihr unbarmherziges Verderben zur Folge. Wir verstehen, wie wichtig es war, dass dieser Junge seiner Pflicht treu blieb, da er der einzige war, den Gott in dieser Nacht hatte, um Holland zu retten.

Aber wissen Sie, dass Ihr Leben zwischen einer großen Flut moralischen Ruins und weiten, schönen Feldern der Schönheit möglicherweise keinen Tag bestehen bleibt und nicht das Einzige sein wird, was bestehen bleibt? Wissen Sie, dass Ihr Versagen in Ihrem niedrigen Amt und Ihrer Pflicht nicht zu einem Meer von Katastrophen führen kann, das menschliche Hoffnungen, Freuden und menschliche Seelen hinwegfegt? Die Bescheidensten von uns wagen es nicht, zu scheitern, denn unser einziges Leben ist alles, was Gott an dem Punkt hat, an dem wir stehen.

Diese Wahrheit der persönlichen Verantwortung ist von enormer Bedeutung. Wir entkommen ihm nicht, indem wir in einer Menschenmenge, in einer Familie oder in einer Gemeinschaft leben. Niemand außer uns selbst kann unser Leben leben, unsere Arbeit tun, unserer Verpflichtung nachkommen und unsere Last tragen. Niemand außer uns selbst kann vor Gott für uns eintreten und Rechenschaft über unsere Taten ablegen. Im tiefsten, wirklichsten Sinne lebt jeder von uns allein.

Es gibt jedoch noch eine weitere Phase dieses Themas, die nicht übersehen werden sollte. Während wir allein an unserem Platz stehen und unserem Vertrauen treu bleiben müssen, erstreckt sich unsere Verantwortung nur auf unsere eigene Pflicht. Außer uns müssen auch andere ihren Teil tun, und die Vollkommenheit des gesamten Werkes hängt sowohl von ihrer als auch von unserer Treue ab. Das Beste, was jeder von uns auf dieser Welt tun kann, ist nur ein Fragment. Der alte Prophet dachte, sein Werk sei gescheitert, weil der Baalismus noch nicht vollständig zerstört sei. Dann wurde ihm von drei weiteren Männern erzählt, die nach ihm kommen würden – zwei Könige und dann ein weiterer Prophet, von denen jeder nacheinander seinen Teil beitragen würde, wenn die Zerstörung des großen außerirdischen Götzendienstes endlich abgeschlossen sein würde. Elias Treue war nicht gescheitert, aber seine Leistung war nur ein Bruchteil des gesamten Werkes.

Das ist sehr suggestiv und sehr tröstlich. Wir sind nicht dafür verantwortlich, alles zu Ende zu bringen, was wir beginnen. Es mag unsere Aufgabe sein, nur damit anzufangen; Das Fortführen und Vollenden kann die Arbeit anderer sein, die wir nicht kennen, von anderen, die vielleicht noch nicht geboren sind. Wir alle beteiligen uns an der Arbeit derer, die vor uns gegangen sind, und andere, die nach uns kommen, werden sich wiederum an unserer Arbeit beteiligen. Unsere Pflicht besteht einfach darin, unseren kleinen Teil gut und treu zu tun. Wenn wir das tun , müssen wir uns nie über den Teil ärgern, den wir nicht erledigen können. Das ist überhaupt nicht unsere Aufgabe, sondern gehört einem anderen Arbeiter, der jetzt vielleicht an einem unbekannten Ort wartet und zur richtigen Zeit mit neuem Herzen und geschickter Hand hervortreten wird , gesalbt von Gott für seine Aufgabe.

Herr Sill illustriert diese Wahrheit in einem seiner Gedichte, in dem er über die Jugend spricht, „geführt von Mut und unsterblicher Hoffnung und mit dem Morgen im Herzen" :

„Sie werden der enttäuschten Erde
das Leben geben, das wir leben wollten, schön, frei und stark; das Licht, das wir fast hatten, wird sie froh machen; die Worte, auf die wir lange gewartet haben, werden in Musik aus ihrer Stimme und ihrem Gesang erklingen."

Auch Herr Whittier schlägt die gleiche Wahrheit vor:

„Andere werden das Lied singen,
andere werden das Unrecht wiedergutmachen, beenden, was ich anfange, und alles, woran ich scheitere, wird gewinnen."

„Was ist mir egal, ob ich oder sie,
mein oder der Tag eines anderen, damit das richtige Wort gesagt wird und das Leben umso süßer wird?"

also mit unserer Verantwortung allein sind, brauchen wir an nichts anderes zu denken als an unsere eigene Pflicht, unseren eigenen kleinen Teil des Werkes des Herrn. Die Dinge, die jemand anders nicht tun kann, warten und bereiten sich jetzt darauf vor, sie zu tun, nachdem die Arbeit von unserer Hand abgegangen ist. Dies ist ein Trost für jeden, der mit seinen Bemühungen scheitert und Aufgaben unvollendet lassen muss, die er zu erledigen gehofft hatte. Der Abschluss ist die Aufgabe eines anderen.

Kapitel XVII.

SCHNELLIGKEIT IM EINSATZ.

„Das Leben ist ein weißes Blatt Papier,
auf das jeder von uns sein oder zwei Worte schreiben kann – und dann
kommt die Nacht." – LOWELL.

Viele gute Leute sind sehr langsam. Sie machen ihre Arbeit vielleicht gut genug, aber so langsam, dass sie in ihrer kurzen Zeit nur einen Bruchteil dessen erreichen, was sie erreichen könnten. Sie verlieren durch zielloses Herumlungern ganze goldene Stunden, die sie mit schnellen Aktivitäten füllen sollten. Sie scheinen den Wert der Zeit oder ihre eigene Verantwortung für ihre kostbaren Momente nicht wirklich zu schätzen. Sie leben zwar gewissenhaft, aber sie haben kein starkes Pflichtgefühl, das sie zu immer größeren und umfassenderen Leistungen treibt. Sie haben eine Arbeit zu erledigen, aber sie haben keine Eile; Es gibt genügend Zeit dafür.

Man kann mit ziemlicher Sicherheit sagen, dass die Mehrheit der Menschen in ihrem Leben nicht die Hälfte der Erfolge erzielt, die ihnen zu Beginn ihres Lebens möglich waren, einfach weil sie nie gelernt haben, schnell und unter dem Druck großer Motive zu arbeiten.

Es besteht kein Zweifel daran, dass von uns verlangt wird, das Beste aus unserem Leben zu machen. Herr Longfellow gab seinen Schülern einmal das Motto: „Lebe dem Besten gerecht, das in dir steckt." Um dies zu erreichen, müssen wir nicht nur unsere Talente bis zur größtmöglichen Kraft und Leistungsfähigkeit entfalten, für die sie empfänglich sind, sondern wir müssen diese Talente auch dazu nutzen, die größten und besten Ergebnisse zu erzielen, die sie hervorbringen können. Um diesen Standard zu erreichen, dürfen wir keinen Tag, nicht einmal eine Stunde verlieren, und wir müssen in jeden Tag und jede Stunde alles Mögliche an Aktivität und Nützlichkeit investieren.

Das Träumen über Tage und Jahre hinweg, so brillant man auch träumen mag, kann niemals den Anforderungen der Verantwortung genügen, die im Wesentlichen jeder Seele innewohnt, die in die Welt hineingeboren wird. Leben bedeutet Pflicht, Mühe, Arbeit. Jeder Stunde ist etwas Göttliches zugewiesen, und die Stunde, in der man herumlungert, bleibt für immer eine ungefüllte Lücke. Wir können unsere Mission nur dann optimal erfüllen, wenn wir stets das Beste aus uns herausholen und jeden Tag das Beste tun, was wir können.

„Hier ist also ein weiterer blauer Tag angebrochen.
Denken Sie, wollen Sie ihn nutzlos verstreichen lassen? Aus der Ewigkeit

wird dieser neue Tag geboren. In die Ewigkeit wird die Nacht zurückkehren."

Wir wenden uns zum Beispiel unserem Herrn zu, da sein Leben in allen Zeitaltern das einzige war, das den göttlichen Gedanken erreichte und das göttliche Muster ausfüllte; und wo immer wir ihn sehen, finden wir ihn entschlossen, den Willen seines Vaters zu tun, ohne einen Moment zu verlieren oder bei irgendeiner Aufgabe herumzuzögern. Wir sehen ihn ständig von Ort zu Ort eilen, von Dienst zu Dienst, von der Taufe zur Versuchung, von der Lehre zur Heilung, vom Wunderwirken zum einsamen Gebet. Seine Füße blieben nie stehen. Er verlor keinen Moment; er scheint tatsächlich die gemeinsame Arbeit von Jahren in ein paar kurze, intensive Stunden gedrängt zu haben. Er wird für uns als ein Mann dargestellt, der ständig unter größtem Druck steht und eine Arbeit zu erledigen hat, die er unbedingt in kürzester Zeit erledigen wollte. Er war immer ruhig, nie in nervöser Eile, sondern immer ruhig und mit unwiderstehlicher Energie bei seinem heiligen Auftrag.

Wir sollten den Geist unseres Meisters in dieser Schnelligkeit im Geschäft des Vaters einfangen. Die Zeit ist knapp und die Pflicht groß. Es gibt keinen Moment zu verlieren, wenn wir in der uns zugeteilten Zeit die Arbeit beenden würden, die uns aufgetragen wurde. Wir müssen den „geraden Weg" unseres Herrn in unser Leben bringen, damit wir von Pflicht zu Pflicht eilen, ohne Pause oder müßiges Verweilen. Wir müssen in unserem Herzen das Bewusstsein entwickeln, immer im Auftrag des Meisters zu sein, das wird in uns ein mächtiger Zwang sein, der uns immer zur Pflicht treibt.

Von Natur aus sind wir träge und lieben Bequemlichkeit und Maßlosigkeit . Wir müssen aus uns selbst heraus und über uns hinausgetragen werden. Dafür gibt es kein starkes Motiv außer der Liebe zu Gott und unseren Mitmenschen. Höchste Liebe zu Gott weckt in uns den Wunsch, mit Eifer alles zu tun, was er befiehlt. Die Liebe zu unseren Mitmenschen treibt uns zu jedem Dienst der Sympathie und Wohltätigkeit für sie an, unabhängig vom Preis. Wenn wir durch solche Motive eingeschränkt werden, werden wir niemals zu Nachzüglern in unserer Pflicht werden.

Schnelligkeit oder Langsamkeit im Dienst ist eine Frage der Gewohnheit. Da man schon im frühen Leben trainiert wird, ist man ziemlich sicher, dass man es auch im reifen Alter fortsetzt. Aus einem herumlungernden Kind wird ein herumlungernder Mann oder eine herumlungernde Frau. Die Gewohnheit wächst, wie alle Gewohnheiten.

„Verliere diesen Tag durch Herumlungern, morgen wird es die gleiche Geschichte sein
, und am nächsten noch zögerlicher; Die Unentschlossenheit bringt ihre

eigenen Verzögerungen mit sich, und Tage sind verloren, sie beklagen die verlorenen Tage."

„Ist es dir ernst? Ergreife genau diesen Moment.
Was du tun kannst und denkst, dass du es kannst, fange damit an. Kühnheit hat Genialität, Macht und Magie in sich. Engagiere dich nur, und dann wird der Geist erhitzt; Fange damit an und die Arbeit." wird abgeschlossen sein."

Viele Menschen verlieren aus Mangel an System insgesamt ganze Jahre ihres Lebens. Sie machen keinen Plan für ihre Tage. Sie lassen zu, dass sich Pflichten in einem unauflöslichen Durcheinander vermischen. Sie sind immer in fieberhafter Eile. Sie reden ständig davon, dass sie mit der Arbeit überfordert sind, dass der große Druck auf ihnen lastet, dass sie über alle Maßen getrieben werden. Sie wirken immer wie Männer, die kaum Zeit zum Essen oder Schlafen haben. Und bei all ihrer intensiven Beschäftigung ist nichts vorgetäuscht. Sie sind wirklich eilige Männer. Doch am Ende erreichen sie im Vergleich zu ihrer großen Tätigkeit nur wenig, weil sie ohne Ordnung und immer fieberhaft und nervös arbeiten. Schnelligkeit bei der Erledigung ist immer ruhig und still. Es plant gut und leidet nicht unter Verwirrung bei den Aufgaben. Eile Eile ist immer hektische Eile, die nichts Gutes bringt. „Uneilig und doch unermüdlich " ist das Motto für schnelle und reiche Erfolge.

„„Ohne Eile! ohne Ruhe!'
Binde das Motto an deine Brust; Trage es wie einen Zauber bei dir; Sturm oder Sonnenschein, behüte es gut; Achte nicht auf die Blumen, die um dich herum blühen, Trage es weiter zum Grab.

„Beeile dich nicht! Lass keine gedankenlose Tat
die Geschwindigkeit des Geistes beeinträchtigen. Überlege gut und erkenne das Richtige. Gehe dann mit aller Kraft voran; beeile dich nicht; Jahre können niemals für eine begangene rücksichtslose Handlung büßen.

„Ruhe dich nicht aus! Das Leben strömt vorbei.
Tue und traue dich, bevor du stirbst. Lass etwas Mächtiges und Erhabenes zurück, um die Zeit zu besiegen. Herrlich ist es, für immer zu leben, wenn diese Formen vergangen sind."

„Beeilen Sie sich nicht! Ruhen Sie sich nicht
aus! Warten Sie ruhig. Ertragen Sie demütig den Sturm des Schicksals.

Es gibt eine weitere Phase des Unterrichts. Nicht nur Schnelligkeit, sondern auch geduldige Beharrlichkeit über Tage und Jahre hinweg ist das Kennzeichen wahren Lebens. Es gibt viele Menschen, die eine kurze Zeit unter Druck arbeiten können, aber nach und nach der Monotonie und der Nachlässigkeit in ihrer Pflicht überdrüssig werden und schließlich scheitern, weil sie nicht bis zum Ende durchhalten können. Es gibt Menschen, die viele edle Dinge beginnen, aber bald ihrer überdrüssig werden und sie aus ihren Händen fallen lassen. Sie mögen als brillante Männer gelten, sogar als geniale Männer, aber am Ende haben sie als Biographie nur einen Band mit Kapitelfragmenten, von denen kein einziges fertig ist. Solche Männer ziehen vielleicht viel Aufmerksamkeit auf sich, während die unermüdlichen Arbeiter, die an ihrer Seite arbeiten, weder Lob noch Anerkennung erhalten; aber in den wirklichen Aufzeichnungen des Lebens, die in bleibenden Zeilen in Gottes Buch niedergeschrieben sind, werden letztere im hellsten Glanz erstrahlen. Robert Browning bringt diese Wahrheit in einem seiner Gedichte auf eindrucksvolle Weise zum Ausdruck:

„Beachten Sie nun, dass
das Aufrechterhalten keine brillante Selbstdarstellung ist, wie das
Niederschlagen oder sogar das Aufstellen: Es erfordert viel Aufregung; und
dennoch ist für das vulgäre Auge der Mächtigere des Mythos Herkules, der
Atlas' Schulter durch seine eigene ersetzt und die stützt Globus Ein ganzer
Tag – nicht der passive und dunkle Atlas, der getragen hat, bevor Herkules
geboren wurde, und der weiterhin dieselbe Last tragen wird, wenn Herkules
auf Oetas Spitze zu Asche wird.
Es ist die Übergangsphase, das Ziehen und die Anstrengung, Das
Streikmänner: Stillstand ist dumm.

Also bekommen wir unsere Lektion. In den kurzen Tagen gibt es so viel zu tun, dass wir keinen Moment verlieren dürfen. Das Leben ist so voller Verantwortung, dass es Sünde ist, zu irgendeinem Zeitpunkt zu leichtfertig zu sein. Selbst von der Beschlagnahme von Protokollen können ewige Probleme abhängen. Natürlich müssen wir uns die nötige Ruhe gönnen, um unser Leben dienstbereit zu halten. Aber was sollen wir von diesen starken Männern und Frauen sagen, die fast nichts anderes tun als sich auszuruhen? Was sollen wir von denen sagen, die nur leben, um sich zu amüsieren, die ihre Nächte durchtanzen und dann ihre Tage verschlafen und so dem Gericht entgegeneilen, ohne etwas für Gott oder die Menschen zu tun? Das Leben ist Pflicht; Jeder Moment davon hat seine eigene Pflicht. Es gibt kein so trauriges und in seinen Strafen so schreckliches Fehlverhalten wie das, das die goldenen Jahre in Müßiggang oder Vergnügen verschwendet und dabei seine Pflicht unerfüllt lässt.

Sollten wir nicht versuchen, die Tage mit dem ernsthaftesten Leben zu füllen? Sollten wir nicht lernen, die Zeit von Trägheit, vom Herumlungern, von der Unmethodizität, von der Verschwendung kostbarer Momente, von der Maßlosigkeit, von der Ungeduld hartnäckiger Arbeit und von allem, was die Leistung schmälert, zu erlösen? Sollen wir nicht lernen, schnell für unseren Meister zu arbeiten?

„Sie müssen jeden Tag Ihr Bestes geben:
Die Arbeit der Welt wird von wenigen erledigt; Gott bittet darum, dass Sie
einen Teil erledigen.

„Sagen Sie oft über die Jahre, die aus Ihrem Blickfeld verschwinden:
‚Das ist das Leben mit seinem goldenen Schatz: Ich werde es einmal haben,
aber es kommt nicht mehr.'

„Haben Sie ein Ziel und tun Sie es mit größter Kraft:
Sie werden Ihre Arbeit auf der anderen Seite beenden, wenn Sie in seinem
Ebenbild zufrieden aufwachen."

Kapitel XVIII.

DIE SCHATTEN, DIE WIR WERFEN.

„Die kleinste Barke auf dem turbulenten Ozean des Lebens
wird eine Spur für immer hinterlassen; die kleinste Welle des Einflusses, die
in Bewegung gesetzt wird, dehnt sich aus und weitet sich bis zum ewigen
Ufer."

Jeder von uns wirft einen Schatten. Über uns hängt eine Art Halbschatten –
ein seltsames, undefinierbares Etwas – das wir persönlichen Einfluss nennen
und der sich auf jedes andere Leben auswirkt, auf das er fällt. Es begleitet
uns, wohin wir auch gehen. Wir können es nicht haben, wenn wir es haben
wollen, und es dann beiseite legen, wenn wir wollen, so wie wir ein
Kleidungsstück beiseite legen. Es ist etwas, das immer aus unserem Leben
strömt, wie das Licht einer Lampe, wie die Hitze einer Flamme, wie der Duft
einer Blume.

Niemand kann leben, ohne Einfluss zu haben. Elihu Burritt sagt: „Kein
Mensch kann auf diese Welt kommen, ohne die Gesamtsumme des
menschlichen Glücks zu erhöhen oder zu verringern, nicht nur der
Gegenwart, sondern jedes nachfolgenden Zeitalters der Menschheit.
Niemand kann sich von dieser Verbindung lösen. Es gibt keine."
abgeschiedener Ort im Universum, keine dunkle Nische entlang der Scheibe
der Nichtexistenz, in die er sich von seinen Beziehungen zu anderen
zurückziehen kann, wo er den Einfluss seiner Existenz auf das moralische
Schicksal der Welt zurückziehen kann; überall seine Anwesenheit oder
Abwesenheit wird spürbar sein, überall wird er Gefährten haben, die für
seinen Einfluss besser oder schlechter sein werden." Das sind wahre Worte.
Überhaupt zu sein bedeutet, Einfluss auf andere Leben zu haben, sei es zum
Guten oder zum Bösen.

Der Dienst des persönlichen Einflusses ist etwas ganz Wunderbares. Ohne
uns dessen bewusst zu sein, beeindrucken wir andere ständig durch diese
seltsame Kraft, die von uns ausgeht. Andere beobachten uns und ihre
Handlungen werden von unseren verändert. Durch den Einfluss einer
einzigen edlen Tat wurde schon so manches Leben in eine Karriere der
Schönheit und des Segens gebracht. Die Jünger sahen ihren Meister beten
und waren so beeindruckt von seiner Ernsthaftigkeit oder von der
Ausstrahlung, die sie auf seinem Gesicht sahen, als er mit seinem Vater
kommunizierte, dass sie ihn, als er wieder zu ihnen kam, baten, ihnen das
Beten beizubringen . Jede wahre Seele ist ständig beeindruckt von den
flüchtigen Blicken, die sie auf die Lieblichkeit, Heiligkeit oder den Edelmut
anderer erhascht.

Eine gute Tat löst oft viele Freundlichkeiten aus. Hier ist eine Geschichte aus einer Zeitung von neulich, die dies veranschaulicht. Ein kleiner Zeitungsjunge stieg in einen Waggon der Hochbahn, schlüpfte auf einen Quersitz und schlief bald ein. Plötzlich kamen zwei junge Damen herein und nahmen ihm gegenüber Platz. Die Füße des Kindes waren nackt, seine Kleidung war zerlumpt und sein Gesicht war verhärmt und gezeichnet und zeigte Spuren von Hunger und Leid. Die jungen Damen bemerkten ihn, und als sie sahen, dass seine Wange an der harten Fensterbank lehnte, stand eine von ihnen auf, hob leise den Kopf und schob ihren Muff als Kissen darunter.

Die freundliche Tat wurde beobachtet und zeigt nun ihren Einfluss. Ein alter Herr auf dem Nebensitz hielt der jungen Dame wortlos einen Silberdollar hin und nickte dem Jungen zu. Nach kurzem Zögern nahm sie es entgegen, und während sie es tat, reichte ihr ein anderer Mann einen Cent, eine Frau auf der anderen Seite des Ganges hielt ihr ein paar Pennys hin, und bevor die junge Frau überhaupt merkte, was sie tat, nahm sie eine Kollekte entgegen der arme Junge. So war von dieser einen kleinen Tat eine Welle des Einflusses ausgegangen, die die Herzen von zwei Dutzend Menschen berührte und jeden von ihnen dazu veranlasste, etwas zu tun.

Das alltägliche Leben ist voll von solchen Beispielen für den Einfluss freundlicher Taten. Jedes gute Leben hinterlässt in der Welt einen zweifachen Dienst: den der Dinge, die es direkt tut, um andere zu segnen, und den des stillen Einflusses, den es ausübt, durch den andere besser werden oder dazu inspiriert werden, gute Dinge zu tun.

Einfluss ist auch etwas, dem auch der Tod nicht ein Ende setzt. Wenn das irdische Leben zu Ende geht, hört die aktive Arbeit eines guten Menschen auf. Er wird an den Orten vermisst, an denen seine vertraute Anwesenheit Segen gebracht hat. Seine Worte werden nicht mehr von denen gehört, die oft von ihnen aufgeheitert oder getröstet wurden. Seine Wohltaten finden nicht mehr ihren Weg zu bedürftigen Häusern, wo sie so oft Erleichterung gebracht haben. Seine sanfte Freundschaft verleiht den Herzen, die ihn lieben gelernt haben, nicht mehr Kraft, Hoffnung und Mut. Der Tod eines guten Menschen inmitten seiner Nützlichkeit unterbricht den gesegneten Dienst der Hilfsbereitschaft in dem Kreis, in dem er gelebt hat. Aber sein Einfluss bleibt bestehen. Longfellow schreibt:—

„Leben und Tod sind gleich
, wenn das Leben im Tod überlebt und der ununterbrochene Atem tausend Leben inspiriert."

„Wäre ein Stern in der Höhe erloschen,
würde sein Licht jahrhundertelang immer noch vom Himmel herabsteigen und auf unseren sterblichen Blick scheinen."

„ Wenn also ein großer Mann stirbt,
liegt das Licht, das er für Jahre hinterlässt, die wir nicht kennen, auf den
Pfaden der Menschen."

Der Einfluss, den unsere Toten auf uns haben, ist oft sehr groß. Wir denken, wir haben sie verloren, wenn wir ihre Gesichter nicht mehr sehen, ihre Stimmen nicht mehr hören und auch nicht die gewohnte Freundlichkeit aus ihren Händen empfangen. Aber in vielen Fällen besteht kein Zweifel daran, dass das, was unsere Lieben nach ihrem Tod für uns tun, genauso wichtig ist wie das, was sie für uns hätten tun können, wenn sie bei uns geblieben wären. Die Erinnerung an schöne Leben ist ein Segen, der durch den Kummer, den ihr Abgang verursacht hat, gemildert und reicher und eindrucksvoller wird. Der Einfluss solch heiliger Erinnerungen ist in gewissem Sinne zarter als der des Lebens selbst. Der Tod verwandelt sozusagen unseren geliebten Menschen, indem er die Fehler und Makel des sterblichen Lebens hinwegfegt und uns eine bleibende Vision hinterlässt, in der alles, was an ihm schön, rein, sanft und wahr war, für uns erhalten bleibt. In den Wettkämpfen und Kämpfen des irdischen Lebens verlieren wir oft Freunde, die wir für immer behalten hätten, wenn der Tod sie uns in den früheren Tagen, als die Liebe stark war, genommen hätte. Oftmals trifft es zu, wie Kardinal Newman schreibt:

„Wer stirbt, der lebt für uns; wer lebt, ist verloren."

also nicht den Einfluss eines guten Lebens aus. Es ist ein Segen für andere, lange nachdem das Leben von der Erde verschwunden ist. Es ist wahr, wie Frau Sangster schreibt:

„Sie verlassen uns nie ganz, unsere Freunde, die durch die Schatten des Todes zum Sonnenlicht oben gegangen sind
; Tausend süße Erinnerungen halten sie fest an den Orten, die sie mit ihrer Anwesenheit und Liebe gesegnet haben."

„Das Werk, das sie hinterließen, und die Bücher, die sie lasen,
sprechen stumm, wenn auch immer noch mit einer seltenen Beredsamkeit,
und die Lieder, die sie sangen, und die lieben Worte, die sie sagten,
verweilen und seufzen noch in der trostlosen Luft."

„Und oft, wenn wir allein sind und oft in der Menge,
Oder wenn das Böse uns verführt oder die Sünde naht ,
kommt ein sanftes Flüstern: ‚Nein, tue nichts Unrechtes‘, und wir haben
das Gefühl, dass unsere Schwäche in der Höhe bemitleidet wird."

Es muss daran erinnert werden, dass nicht jeder Einfluss gut ist. Auch böse Taten haben Einfluss. Auch böse Menschen leben, nachdem sie gegangen sind. Ein Sterbender, dessen Leben voller Schaden für andere gewesen war, rief: „Sammle meinen Einfluss und begrabe ihn mit mir in meinem Grab."

Doch der verzweifelte, reuige Wunsch war vergebens. Der Mann verließ die Welt, aber sein Einfluss blieb hinter ihm, sein Gift wirkte für Jahrhunderte im Leben anderer.

Deshalb müssen wir unseren Einfluss mit größter Sorgfalt wahren. Es ist ein Verbrechen, ein infiziertes Kleidungsstück auf die Straße zu werfen, das die Häuser von Männern anstecken kann. Es ist ein schlimmeres Verbrechen, eine gedruckte Seite mit Worten zu verschicken, die mit dem Virus des moralischen Todes infiziert sind. Die Männer, die die abscheuliche Literatur vorbereiten und veröffentlichen, die heute überall verbreitet wird und unschuldige Leben verunreinigt und befleckt, werden eine schreckliche Rechenschaft ablegen müssen, wenn sie vor Gottes Richterstuhl stehen, um ihrem Einfluss zu begegnen. Wenn wir unser Leben Gottes würdig und zu einem Segen für die Welt machen wollen , müssen wir dafür sorgen, dass nichts, was wir tun, andere auch nur im geringsten zum Schlechten beeinflusst.

In den Anfängen der amerikanischen Kunst reiste ein junger Künstler von Genie und reinem Herzen aus diesem Land nach London. Er war arm, strebte aber sowohl nach einem edlen Lebensstil als auch nach feiner Malerei. Unter seinen Bildern war eines, das an sich rein war, das aber von einem sinnlichen Geist auf böse Weise interpretiert werden konnte. Ein Kunstliebhaber sah dieses Bild und kaufte es. Doch als es verschwunden war, begann der junge Künstler darüber nachzudenken, dass es möglicherweise schädliche Auswirkungen auf die Schwachen hatte, und sein Gewissen quälte ihn. Er ging zu seinem Gönner und sagte: „Ich bin gekommen, um mein Bild zurückzukaufen." Der Käufer konnte ihn nicht verstehen. „Habe ich dir nicht genug dafür bezahlt? Brauchst du Geld?" er hat gefragt. „Ich bin arm", antwortete der Künstler, „aber meine Kunst ist mein Leben. Ihre Mission muss gut sein. Der Einfluss dieses Bildes könnte möglicherweise schädlich sein. Ich kann damit vor den Augen der Welt nicht glücklich sein. Das muss es sein." zurückgezogen."

Wir sollten nicht nur auf die Absicht und den Zweck unserer Worte und Taten achten, sondern auch auf ihren möglichen Einfluss auf andere. Es kann Freiheiten geben, die für uns keine Gefahr darstellen, für andere jedoch mit einem weniger stabilen Charakter und einem weniger hilfreichen Umfeld voller Gefahren wären. Es gehört zu unserer Pflicht, an diese Schwächeren zu denken und an den Einfluss unseres Beispiels auf sie. Wir dürfen in unserer Stärke und Sicherheit nichts tun, was möglicherweise anderen schaden könnte. Wir müssen bereit sein, unsere Freiheit zu opfern, wenn wir durch ihre Ausübung die Seele eines anderen gefährden. Dies ist die Lehre des heiligen Paulus mit den Worten: „Es ist gut, kein Fleisch zu essen, keinen Wein zu trinken und nichts zu tun, was deinen Bruder zum Straucheln bringt " ; und „Wenn Fleisch meinen Bruder zum Straucheln bringt , werde ich für immer kein Fleisch essen, damit ich meinen Bruder nicht zum Straucheln bringe."

Wie können wir einen Einfluss sicherstellen, der nur ein Segen sein soll? Es gibt keinen anderen Weg, als unser Leben rein und gut zu machen. Gerade in dem Maße, in dem wir vom Geist Gottes erfüllt sind und die Liebe Christi in uns haben, wird unser Einfluss heilig und ein Segen für die Welt sein.

KAPITEL XIX.

DIE BEDEUTUNG VON CHANCEN.

„‚Heute' kommt Unbefleckt zu dir – neugeboren,
Morgen ist nicht dein; Die Sonne mag für dich aufhören zu scheinen, bevor
die Erde ihren Morgen begrüßen wird."

„Sei also ernst in Gedanken und Taten und
fürchte dich nicht vor der herannahenden Nacht. Mit dem Abendlicht
kommt Ruhe und Hoffnung und Frieden. Erfülle deine Pflicht ‚heute'." –
RUSKIN.

Wenn die ersten Gedanken der Menschen genauso gut und weise wären wie
ihre späteren Gedanken, wäre das Leben besser und schöner als es ist. Wir
alle können unsere Fehler deutlicher erkennen, nachdem wir sie begangen
haben, als wir sie zuvor gesehen haben. Wir hören oft, dass Menschen den
Wunsch äußern, sie könnten eine bestimmte Zeitspanne ihres Lebens noch
einmal durchlaufen und sagen, dass sie es anders leben würden, dass sie die
Fehler oder Torheiten, die die von ihnen gemachten Aufzeichnungen so
verdorben und befleckt hatten, nicht wiederholen würden.

Natürlich ist der Wunsch, dass man mit der vergangenen Zeit eine zweite
Chance bekommen könnte, völlig vergeblich. Zweifellos gibt es im Rückblick
oft viel Grund für Scham und Schmerz . Wir leben selbst im besten Fall arm
genug, selbst die Heiligsten von uns, und viele von uns machen ihr Leben
mit Sicherheit zu einer traurigen Angelegenheit. Das menschliche Leben
muss sehr erbärmlich und oft tragisch erscheinen, wenn die Engel auf es
herabblicken. Es gibt fast unendlich weniger Wracks auf dem großen Meer,
wohin die Schiffe fahren, als auf dem anderen Meer, von dem Dichter
schreiben, wo Leben mit ihrer Fracht unsterblicher Hoffnungen und
Möglichkeiten ihrem Schicksal entgegensegeln. Wir reden manchmal mit
Staunen darüber, was der Ozean enthält, über die Schätze, die tief unter den
Wellen verborgen liegen. Aber wer soll von den Schätzen erzählen, die im
tieferen, dunkleren Meer des menschlichen Lebens verborgen sind, wo sie in
den traurigen Stunden der Niederlage und des Scheiterns untergegangen
sind?

„In trüben grünen Tiefen verrotten mit Barren beladene Schiffe,
während goldene Dublonen, die aus der ertrunkenen Hand fielen,
eingebettet in die Glocke der Meeresblumen liegen, mit den
edelsteinbesetzten Ringen der Liebe, die einst von jetzt toten Lippen
geküsst wurden; und um einen schmiedeeisernen goldenen Becher herum
Seegras peitscht und versteckt verlorene Perlen, neben Perlen, die noch in

ihrer Schale sind, wo Algenwälder jedes Meerestal füllen und mit ihren unzähligen Spitzen nach trübem Sonnenlicht suchen.

„ So liegen die verschwendeten Gaben, die längst verlorenen Hoffnungen unter der jetzt stillen Oberfläche meiner selbst. In einsameren Tiefen als dort, wo der Fluss tastet, liegen sie tief, tief; aber ich erblicke manchmal in zweifelhaften Blicken einen riffigen Felsvorsprung ,
Der Glanz von unwiederbringlichem Gold.“

Einblicke in diese verlorenen Dinge – diese verschwendeten Schätze, diese verschwendeten Möglichkeiten, diese Perlen und Juwelen des Lebens, die im Meer unserer Vergangenheit versunken sind – können wir vielleicht haben, wenn die Riffe von den Fluten freigelegt werden, aber nur Einblicke können wir sehen. Wir können unsere Schätze nicht zurückgewinnen. Der Glanz verspottet uns nur. Die Vergangenheit wird ihr Gold und ihre Perlen keinem unserer hektischen Appelle wiedergeben.

Diese Unwiederbringlichkeit der Vergangenheit, diese Unwiederbringlichkeit der Verluste, die wir durch unsere Torheiten oder Sünden erlitten haben, hat etwas wirklich Erstaunliches. Vor etwa zwei Jahrhunderten wurde im All Souls' College in Oxford, England, eine große Sonnenuhr errichtet, angeblich die größte und edelste Uhr im ganzen Königreich. Über dem langen Zeiger standen in großen goldenen Buchstaben die lateinischen Wörter „ *Pereunt et imputantur* “, die sich auf die Stunden bezogen. Wörtlich bedeutet dies: „Sie gehen zugrunde und werden auf unsere Rechnung angerechnet“; oder, wie sie in einer knapperen Formulierung ausgedrückt wurden: „Sie sind verschwendet und werden zu unserer Schuld hinzugefügt.“

Es wird gesagt, dass diese Worte auf dem Zifferblatt einen wunderbaren Einfluss auf die Kindheit vieler angesehener Männer hatten, die ihre Ausbildung in Oxford erhalten haben, sie dazu angeregt haben, die goldenen Stunden, die sie vergingen, gewissenhaft zu nutzen und Früchte zu tragen ein langes Leben voller Ernsthaftigkeit und Treue. Diese Lektion sollte jeder junge Mensch lernen. In der Jugend sind die Stunden voller Privilegien. Sie kommen wie Engel und halten reiche Schätze in ihren Händen , die uns von Gott gesandt wurden und die sie uns anbieten; und wenn wir zurückgeblieben oder träge sind oder zu sehr auf unsere eigenen Kleinigkeiten konzentriert sind, um diese himmlischen Boten mit ihren himmlischen Gaben willkommen zu heißen, gehen sie schnell vorbei und verschwinden. Und sie kommen nie wieder zurück, um das Angebot zu erneuern.

Auf dem Zifferblatt einer Uhr im Palast Napoleons in Malmaison hat der Hersteller die Worte „ *Non nescit* “ *angebracht reverti* "; „Es weiß nicht, wie man rückwärts geht.“ So ist es mit der großen Uhr der Zeit – sie kann niemals rückwärts gedreht werden. Die Momente kommen nur einmal zu uns; was auch immer wir mit ihnen machen, müssen wir tun, während sie vergehen , denn sie werden nie wieder zu uns kommen.

Dann entsteht aus Privilegien Verantwortung. Wir müssen Gott Rechenschaft ablegen für alles, was er uns durch die mystischen Hände der vergehenden Stunden sendet und was wir ablehnen oder versäumen, anzunehmen. „Sie sind Verschwendung und werden zu unseren Schulden hinzugefügt."

Das eigentliche Problem des Lebens besteht also darin, wie man mit dem umgeht, was die Stunden bringen. Wer dies tut, wird edel und treu leben und Gottes Plan für sein Leben erfüllen . Der Unterschied zwischen Männern liegt nicht in den Möglichkeiten, die sich ihnen bieten, sondern darin, wie sie diese nutzen. Viele Menschen, denen es nicht gelingt, viel aus ihrem Leben zu machen, führen ihr Scheitern auf den Mangel an Möglichkeiten zurück. Sie schauen auf jemanden, der ständig Gutes und Schönes oder Großes und Edles tut, und denken, dass er besonders begünstigt ist und dass die Chancen, die sich ihm für solche Dinge bieten, außergewöhnlich sind. In Wirklichkeit liegt sein Erfolg jedoch in seiner Fähigkeit, zu sehen und zu akzeptieren, was die Stunden an Pflichten und Privilegien mit sich bringen. Wo andere nichts sehen, sieht er einen Kampf, den es zu kämpfen gilt, eine Pflicht, die es zu erfüllen gilt, einen Dienst, den es zu erbringen gilt, oder eine Ehre, die es zu gewinnen gilt. Viele Menschen warten lange auf Gelegenheiten und fragen sich, warum sie sich ihm nie bieten, wenn sie doch Tag für Tag an ihm vorbeigehen, unerkannt und nicht angenommen.

Es gibt eine Legende von einem Künstler, der lange nach einem Stück Sandelholz suchte, aus dem er eine Madonna schnitzen konnte. Schließlich wollte er verzweifelt aufgeben und ließ die Vision seines Lebens unerfüllt, als ihm in einem Traum gesagt wurde, er solle aus einem Eichenholzblock eine Figur formen, die für das Feuer bestimmt war . Er gehorchte dem Befehl und fertigte aus dem Stamm gewöhnlichen Brennholzes ein Meisterwerk an.

Ebenso warten viele Menschen auf große und brillante Gelegenheiten, die guten Dinge zu tun, die schönen Dinge, von denen sie träumen, während ihnen in all den einfachen, alltäglichen Tagen genau die Gelegenheiten, die sie für solche Taten benötigen, in der Nähe liegen einfachste und vertrauteste vorübergehende Ereignisse und unter den heimeligsten Umständen. Sie warten darauf, Sandelholz zu finden, aus dem sie Madonnen schnitzen können, während in den gewöhnlichen Eichenscheiten, die sie in ihrem offenen Kamin verbrennen, weitaus schönere Madonnen versteckt sind, als sie sich erträumen, oder die sie mit den Füßen im Holz verschmähen. Hof.

Chancen ergeben sich für alle. Die Tage eines jeden Lebens sind voll davon. Aber das Problem vieler von uns ist, dass wir nichts daraus machen, solange wir sie haben. Dann sind sie im nächsten Moment weg. Ein Mann geht durchs Leben und seufzt nach Möglichkeiten. Wenn er nur diese oder jene Gabe, diesen oder jenen Platz oder diese oder jene Position hätte, würde er Großes leisten, sagt er; Aber mit seinen Mitteln, seinen geringen Chancen, seinen dürftigen Privilegien, seinen ungünstigen Umständen, seinen Einschränkungen kann er nichts seiner selbst Würdiges tun. Dann tritt ein anderer Mann mit ähnlichen Mitteln, Chancen, Umständen und Privilegien an seine Seite, und er erreicht edle Ergebnisse, vollbringt Heldentaten, erwirbt sich Ehre und Ansehen. Das Geheimnis liegt im Mann, nicht in seiner Umgebung. Herr Sill bringt dies in seinen Zeilen gut auf den Punkt:

„Dies sah ich oder träumte es in einem Traum:
Eine Staubwolke breitete sich über einer Ebene aus. Und unter der Wolke oder in ihr tobte eine wütende Schlacht, und Männer schrien und Schwerter schlugen auf Schwertern und Schilden. Ein Prinz Das Banner schwankte, taumelte dann zurück, von Feinden eingeengt.
Ein Feigling hing am Rande der Schlacht und dachte: „Hätte ich ein Schwert aus schärferem Stahl – diese blaue Klinge, die der Sohn des Königs trägt – aber dieses stumpfe Ding." – Er schnappte und warf es aus seiner Hand,
und er senkte sich, kroch davon und verließ das Feld. Dann kam der Sohn des Königs verwundet, mit schmerzendem Kopf und ohne Waffe, und er sah das zerbrochene Schwert, dessen Griff im trockenen und zertretenen Sand vergraben war, und rannte und schnappte es und Mit neuem Schlachtruf schlug er seinen Feind nieder und rettete an diesem heldenhaften Tag eine große Sache.

Mit dem stumpfen, nun zerbrochenen Schwert, das der Feigling als unbrauchbar weggeworfen hatte, errang die fürstliche Hand ihren großen Sieg. Das Leben ist voller Illustrationen dieser Erfahrung. Die Materialien des Lebens, die ein Mann als seiner unwürdig verachtet und verschmäht hat, da sie kein bezauberndes Erfolgsgeheimnis in sich bergen, hebt ein anderer Mann für immer aus dem Staub auf und erzielt mit ihnen edle und glänzende Erfolge. Gesucht werden wachsame und eifrige Männer, Männer mit heroischem Herzen und fürstlicher Hand, die die Möglichkeiten sehen und nutzen, die überall im alltäglichen Leben liegen.

Es gibt nur eine Sache, die man tun kann, um aus dem Leben alle seine Möglichkeiten des Erreichens und Erreichens herauszuholen; Wir müssen uns darin üben, das anzunehmen, was uns jeder Augenblick an Privilegien und Pflichten bringt. Manche Menschen machen sich Sorgen wegen der vagen Frage, was der göttliche Plan für ihr Leben sei. Sie haben das Gefühl, dass Gott sie mit einem bestimmten Ziel erschaffen hat und dass er möchte, dass sie etwas in dieser Welt tun, und sie möchten wissen, wie sie diesen göttlichen Gedanken für ihr Leben lernen können. Die Antwort ist wirklich ganz einfach. Gott ist bereit, uns mit unfehlbarer Bestimmtheit seinen Plan für unser Leben zu offenbaren. Diese Enthüllung macht er im weiteren Verlauf und zeigt uns jeden Moment ein kleines Fragment seiner Absicht. Faber sagt: „Die sicherste Methode, Gottes ewige Absichten für uns zu erkennen, liegt darin, den gegenwärtigen Augenblick richtig zu nutzen. Jede Stunde bringt eine kleine Schwuchtel des Willens Gottes mit sich, die auf ihrem Rücken befestigt ist."

Wir haben daher mit nichts anderem zu tun als mit dem Privileg und der Pflicht dieser einen Stunde, die jetzt vergeht. Das macht das Problem des Lebens sehr einfach . Wir müssen unser Leben nicht als Ganzes betrachten und nicht einmal die Last eines einzigen Jahres tragen; Wenn wir nur die Bedeutung des einen kleinen Zeitabschnitts, der unmittelbar da ist, gut begreifen und sofort alle Pflichten erfüllen und alle Privilegien in Anspruch nehmen, die diese eine Stunde mit sich bringt, werden wir auf diese Weise das tun, was Gott am besten gefällt und unser eigenes Leben aufbaut in die Vollständigkeit. Es sollte uns niemals schwerfallen, dies zu tun.

„Gott hat unsere Jahre in Stunden und Tage unterteilt, Stunde für Stunde und Tag für Tag. Wenn wir nur ein kleines Stück weitergehen, könnten wir die ganze Zeit über ziemlich stark bleiben. Sollte die ganze Last des Lebens auf unsere Schulter gelegt werden, und das Zukunft, voller Leid und Kampf, begegne uns von Angesicht zu Angesicht. An nur einem Ort könnten wir nicht gehen, unsere Füße würden stehen bleiben; und so legt Gott uns jeden Tag ein wenig auf, und niemals, glaube ich, auf dem ganzen Weg Lasten tragen so tief, oder Wege liegen so bedrohlich und so steil, aber wir können gehen, wenn wir durch Gottes Kraft nur die Last der Stunde tragen.

Wenn wir so leben, werden wir jede Stunde mit dem Glanz einer gut erfüllten Pflicht erstrahlen lassen, und strahlende Stunden werden strahlende Jahre hervorbringen. Aber das Fehlen von Privilegien und die Vernachlässigung von Pflichten wird Tage und Jahre verunstalten und verunstalten lassen und das Leben letztendlich wie ein mottenzerfressenes Kleidungsstück aussehen lassen. Wir müssen die heilige Bedeutung unserer Möglichkeiten erkennen, wenn wir unser Bestes geben wollen.

KAPITEL XX.

Die Sünde der Undankbarkeit.

„Die Sonne mag auf die Scholle scheinen, bis sie warm ist,
warm, damit ihr eigenes armes, dunkles Selbst leben kann. Er schlägt den
Diamanten, und oh, wie leuchtet der Edelstein, der sich selbst abkühlt,
strahlend, um zu geben."

„Die stille Seele, die nimmt, aber nicht wieder herausgibt,
in strahlender Dankbarkeit, ein Lächeln, eine Träne, die sie aufnimmt,
macht niemanden anderen glücklich und vermisst so den reinsten und
besten reichen Frohsinn der Liebe." –MARY KA STONE.

Ein gegebener Segen sollte immer eine Gegenleistung haben. Es ist besser,
ein Diamant zu sein, der erleuchtet wird, um zu glänzen, als ein Klumpen,
der so erwärmt wird, dass er nur noch ein stumpfer, dunkler Klumpen ist .
Wir alle erhalten zahllose Gefälligkeiten, aber nicht alle erwidern dies
angemessen.

Krummacher hat eine nette kleine Fabel mit einer Anregung. Als Zachäus alt
war, lebte er immer noch in Jericho, demütig und fromm vor Gott und den
Menschen. Jeden Morgen ging er bei Sonnenaufgang auf die Felder, um dort
spazieren zu gehen, und jedes Mal kam er ruhig und glücklich zurück, um mit
der Arbeit des Tages zu beginnen. Seine Frau fragte sich, wohin er auf seinen
Spaziergängen ging, aber er sprach nie mit ihr darüber. Eines Morgens folgte
sie ihm heimlich. Er ging direkt zu dem Baum, von dem aus er den Herrn
zum ersten Mal sah. Sie versteckte sich und beobachtete ihn, um zu sehen,
was er tun würde. Er nahm einen Krug, schüttete Wasser über die Wurzeln
des Baumes, die in dem schwülen Klima langsam austrockneten. Er jätete
hier und da etwas Unkraut. Er ließ seine Hand liebevoll über den alten Koffer
gleiten. Dann schaute er zu der Stelle zwischen den Zweigen hinauf, an der
er an dem Tag gesessen hatte, als er Jesus zum ersten Mal gesehen hatte.
Danach wandte er sich ab und ging mit einem Lächeln der Dankbarkeit
zurück nach Hause. Seine Frau ging später auf die Angelegenheit ein und
fragte ihn, warum er sich so um den alten Baum gekümmert habe. Seine
ruhige Antwort war: „Es war dieser Baum, der mich zu dem brachte, den
meine Seele liebt."

Es gibt kein wahres Leben ohne die heilige Erinnerung an besonderen Segen
oder Gutes. Es gibt etwas, das von Gunst, Befreiung, Hilfe, Einfluss,
Belehrung und großer Güte zeugt. Es gibt einen Ort, einen ruhigen
Spaziergang, einen Raum, ein Buch, ein Gesicht, die immer schöne
Erinnerungen hervorrufen. Es gibt etwas, das für uns wertvoll ist, weil es in
gewisser Weise einen heiligen Ort auf der Reise des Lebens markiert. Die

meisten von uns verstehen das liebevolle Interesse von Zachäus an seinem alten Baum und können glauben, dass diese kleine Einbildung sogar wahr ist. In welchem Leben gibt es keinen Ort, der immer in grüner Erinnerung bleibt, weil dort ein süßer Segen empfangen wurde?

Dennoch scheint es viele zu geben, die ihre Vorteile vergessen. Es gibt viel Undankbarkeit auf der Welt. Es ist möglicherweise nicht so universell, wie manche uns glauben machen wollen. Es gibt sicherlich viele, die die Erinnerung an Wohltaten und Freundlichkeiten, die sie von Freunden erhalten haben, über viele Jahre hinweg unverfälscht in ihrem Herzen tragen und die nie aufhören, dankbar zu sein und ihre Dankbarkeit zu zeigen. Wordsworth schrieb:—

„Ich habe von unfreundlichen Herzen gehört, von
gütigen Taten, bei denen die Kälte immer noch zurückkehrte; leider! Die
Dankbarkeit der Menschen hat mich öfter trauern lassen."

Allerdings sagt Erzdiakon Farrar über diese Worte: „Wenn Wordsworth Dankbarkeit als eine allgemeine Tugend ansah, muss seine Erfahrung außergewöhnlich gewesen sein." Es gibt sicherlich unfreundliche Herzen, die ihre Kälte für gute Taten erwidern. Es gibt Kinder, die die Liebe und Opfer ihrer Eltern vergessen und ihre unzähligen Freundlichkeiten vergelten, nicht mit dankbarer Zuneigung, Ehre, Gehorsam, Rücksichtnahme und Dienstbereitschaft, sondern mit Missachtung, Gleichgültigkeit, Ungehorsam, Schande, manchmal sogar mit beschämender Vernachlässigung und Unfreundlichkeit. Es gibt Menschen, die im Laufe der Jahre auf zahllose Weise Hilfe von Freunden erhalten, die ihnen große Hilfe im Leben bringt – Beförderung, Aufstieg, Verbesserung des Charakters, Erweiterung von Privilegien und Möglichkeiten, zärtliche Freundlichkeit, die das Herz wärmt, segnet und inspiriert und bereichert, verfeinert und veredelt das Leben – die jedoch den Nutzen und das Gute, das sie erhalten, nie zu erkennen oder zu schätzen scheinen. Sie scheinen keine Verpflichtung zu empfinden, keine Dankbarkeit. Für den gesamten Dienst der Liebe erwidern sie ihre Liebe nicht. Sie vergelten es sogar mit Klage, mit Kritik, mit Verbitterung. Wir alle kennen die Jahre, in denen wir immer wieder Gefälligkeiten vergessen und ihre Erinnerung durch ein kleines Versäumnis, einer neuen Bitte um Hilfe nachzukommen, ausgelöscht haben. Wir alle kennen bösartigen Hass als Gegenleistung für lange Zeiträume verschwenderischer Freundlichkeit.

Undank ist Raub. Es beraubt diejenigen, denen Dankbarkeit gebührt, denn es ist die Vorenthaltung dessen, was ihnen rechtmäßig zusteht. Wenn Sie freundlich zu einem anderen sind, ist er dann nicht Ihr Schuldner? Wenn Sie einem anderen einen Gefallen erweisen , ist er Ihnen dann nicht Dank schuldig? Es stimmt, du verlangst keine Gegenleistung, denn aus Liebe lässt sich kein Lohn erzielen. Nur der Egoismus verlangt eine Rückzahlung der geleisteten Hilfe und wird durch Undankbarkeit verbittert. Der christliche Geist gibt und segnet weiterhin und schüttet seine Liebe in grenzenlosem Maße aus, auch wenn keine Tat, kein Wort und kein Blick von Dankbarkeit zeugen.

„Wenn dein wahrer Dienst in seinem Ziel
nicht höher wäre als das Lob, das die Menschen edlen Opfern
entgegenbringen, könnte es eine Schande sein, dass du es so versäumt
hast."

„Aber nicht aus Eigennutz oder geringem Lohn
hast du so im Schatten und in der Sonne gearbeitet,
sondern mit dem bewussten Gefühl, dass
diese mühsame Arbeit für deinen Herrn getan wurde."

„Er bat um keinen Dank, um keine Anerkennung,
um keine zärtliche Annahme seiner Gnade, um keine mitleidige Träne aus
einem antwortenden Auge, um kein antwortendes menschliches Gesicht.

„Gottes Willen zu tun – das war genug für Christus,
inmitten von Kummer, der alle Qualen trüben lässt. Es wird dir genügen –
es hat genügt, wie es ihm genügt hat."

Doch während die Liebe nicht gegen Lohn arbeitet und auch kein Äquivalent für ihre Dienste verlangt, wird ihr großes Unrecht zugefügt, wenn undankbare Lippen stumm sind. Die Qualität der Undankbarkeit ändert sich nicht, weil die treue Liebe nicht durch ihre Kälte im Herzen erstarrt. Wir sind jemandem, der uns Freundlichkeit erwiesen hat, zumindest ein liebevolles Gedenken schuldig, auch wenn keine andere Gegenleistung möglich ist oder bereits eine große Gegenleistung erbracht wurde. Wir können niemals von der Pflicht zur Dankbarkeit entbunden werden. „Niemand schulde etwas anderes als Liebe" ist ein himmlisches Wort. Wir schulden immer Liebe; Das ist eine Schuld, die wir niemals abbezahlen können.

Undank ist Raub. Aber es ist sowohl Grausamkeit als auch Raub. Es tut immer dem Herzen weh, das es ertragen muss. Kaum ein Fehler oder eine Verletzung verursacht bei zarten Gemütern mehr Schmerz und Kummer als Undankbarkeit. Der Schmerz kann schweigend ertragen werden. Menschen sprechen nicht mit anderen darüber, schon gar nicht mit denen, deren Vernachlässigung oder Kälte es verursacht; doch es ist wie Dornen im Kissen.

„Schlag, weh, du Winterwind;
du bist nicht so unfreundlich wie die Undankbarkeit des Menschen."

Eltern leiden unaussprechlich, wenn die Kinder, für die sie gelebt, gelitten und geopfert haben, sich als undankbar erweisen. Das undankbare Kind weiß nicht, welchen bitteren Kummer es der Mutter zufügt, die es geboren und gepflegt hat, und dem Vater, der es mehr liebt als sein eigenes Leben; wie ihre Herzen bluten; wie sie heimlich über seine Unfreundlichkeit weinen. Wir wissen nicht, wie sehr wir unsere Freunde verletzen, wenn wir sie undankbar behandeln, alles vergessen, was sie für uns getan haben, und ihre Gefälligkeiten mit Kälte vergelten.

Es gibt noch mehr von dieser Lektion. Damit Dankbarkeit ihren sanften Dienst erfüllen kann, muss sie einen passenden Ausdruck finden. Es reicht nicht aus, es im Herzen zu schätzen. Es gibt viele gute Menschen, die an diesem Punkt scheitern. Sie sind wirklich dankbar für das Gute, das andere ihnen tun. Sie empfinden in ihrem Herzen eine gewisse Freundlichkeit gegenüber ihren Wohltätern. Vielleicht sprechen sie mit anderen Freunden über die Freundlichkeiten, die sie erhalten haben. Vielleicht nehmen sie es sogar in ihre Gebete auf, erzählen Gott, wie andere seiner Kinder ihnen geholfen haben, und bitten ihn, diejenigen zu belohnen und zu segnen, die gut zu ihnen waren. Aber in der Zwischenzeit drücken sie in keiner Weise ihre Dankbarkeit gegenüber den Personen aus, die ihnen die Gefälligkeiten erwiesen oder ihnen freundschaftliche Dienste geleistet haben.

Woher weiß Ihr Freund, dass Sie dankbar sind, wenn Sie ihm nicht auf irgendeine Weise sagen, dass Sie es sind? Wahrlich, hier liegt ein schwerer Fehler der Liebe: Dieses Bewahren des großzügigen Gefühls, der zärtlichen Dankbarkeit, die wir aussprechen sollten und die so viel Trost spenden würde, wenn sie in das Ohr gesprochen würde, das sie hören sollte, im Herzen versiegelt. Kein reines, wahres, liebevolles menschliches Herz kommt jemals darüber hinaus, durch Worte ehrlicher und aufrichtiger Wertschätzung gestärkt und für einen edleren Dienst erwärmt zu werden. Schmeichelei ist verachtenswert; nur eitle Geister werden davon begeistert. Unaufrichtigkeit ist ein widerlicher Spott; die sensible Seele wendet sich voller Abscheu davon ab. Aber Worte wahrer Dankbarkeit sind für das menschliche Herz immer wie ein Becher Wasser für durstige Lippen. Wir müssen keine Angst davor haben, den Menschen durch echte Dankbarkeitsbekundungen den Kopf zu verdrehen; Andererseits weckt nichts eine solche Demut und ein so ehrfurchtsvolles Lob Gottes gegenüber wie das Wissen, das solche Dankbarkeit mit sich bringt – dass man von Gott dazu benutzt wurde, einem anderen Leben zu helfen, es zu segnen oder zu trösten.

Schweigen gilt als Gold, und oft ist es sogar besser als Reden. „Es ist eine schöne Sache in einer Freundschaft", sagt George MacDonald, „zu wissen, wann man schweigen muss." Es gibt Zeiten, in denen Stille das Wahrste, Wahrhaftigste, Göttlichste und Segensvollste ist, in denen Worte die heilige Süße des Dienstes der Liebe nur verderben würden. Aber es gibt wieder Zeiten, in denen Schweigen Untreue und Grausamkeit bedeutet und so unfreundlich ist wie Winterluft für zarte Pflanzen. Dies gilt insbesondere für die Dankbarkeit; Kaltes Schweigen, wenn das Herz dankbar ist, ist eine Sünde gegen die Liebe. Wenn wir ein Dankeswort in unserem Herzen haben, von dem wir glauben, dass wir es ehrlich sagen könnten, und das wir nicht aussprechen, haben wir unserem Freund schweres Unrecht getan.

Gerade zu Hause sollte es mehr Dankbarkeit geben. Wir beleidigen unsere Freunde zu Hause mehr als alle anderen Freunde. Zuhause ist dort, wo die Liebe am wahrsten und zärtlichsten ist. Wir müssen niemals befürchten, von den Lieben, die sich um uns herum scharen, missverstanden zu werden . Doch allzu oft ist das Zuhause genau der Ort, an dem wir am meisten auf dankbare und anerkennende Worte verzichten. Wir lassen sanfte Geister in unserer Nähe nach den Worten der Zuneigung hungern, die warm, aber unausgesprochen auf unserer Zunge liegen. Keiner von uns weiß, welche Freude und Kraft wir anderen vermitteln könnten, wenn wir uns nur darin üben würden, der Dankbarkeit, die in unserem Herzen ist, einen angemessenen, zarten und nachdenklichen Ausdruck zu verleihen. Wir würden für alle um uns herum ein Segen sein und neue Freude in unser Leben aufnehmen. Nichts ist trauriger als der Kummer, der um so manchen Sarg entsteht; Der Kummer über Trauer und Verlust wird bitter durch das Bedauern, dass die allzu langsame Dankbarkeit des Herzens nun nie die Gelegenheit haben wird, sich dem Ohr zu äußern, das so lange, hungrig und vergeblich auf das Wort gewartet hat, das solchen Trost gegeben hätte .

„Über dem erbärmlichen Sarg stehen wir
und legen eine Rose in die hilflose Hand, die wir gestern vielleicht nicht sehen würden, als sie demütig dargebracht wurde. Auf dem Herzen, das oft nach einem anerkennenden Wort schmerzte, legen wir Vergissmein- Nichts – wir wenden uns ab und stellen fest, dass die Welt durch den Verlust dieses so fehlerhaften und so liebenden Menschen kälter ist.

„Denkt an diesen Moment, ihr, der ihr der Liebe am Herzen liegt – so viel zu jedem sanften Gedanken, an den Moment, in dem die reichsten Gaben der Liebe nichts sind: Wenn eine blasse Blume auf einer pulslosen Brust, wie eure Reue, ihre Süßigkeiten vergeblich ausatmet. "

Aber es reicht nicht aus, dankbar zu sein und den menschlichen Freunden, die uns Freundlichkeiten erweisen, unsere Dankbarkeit zu zeigen. Wir verdanken alles Gott. Jedes gute und vollkommene Geschenk, egal wie es uns erreicht, durch welchen Boten, in welcher Form, „kommt von oben herab, vom Vater des Lichts". Alle Segnungen der Vorsehung, alle zarten Dinge, die uns durch menschliche Liebe und Freundschaft zuteil werden, sind Gottes Gaben.

„Woher kam das Vaterherz im Mann,
das Mutterherz in der Frau? Die Liebe im gesamten kosmischen Plan, die
Gottes Kinder menschlich macht?"

„Diese kamen nie: Was wir kontrollieren,
ist gut, weil es gegeben ist, und alles wird durch die süße Berührung des
Himmels besser für die Seele des Menschen."

Deshalb schulden wir Gott Dank für alles, was wir empfangen. Auch wenn
wir unseren menschlichen Wohltätern Dankbarkeit gezeigt haben, schulden
wir unserem himmlischen Vater noch immer Dank und Dankbarkeit. Es ist
auch möglich, dass wir den Freunden, die uns helfen, dankbar sind und
dennoch wie Atheisten handeln, indem wir Gott niemals anerkennen oder
ihm danken. Das ist die schlimmste aller Sünden. Wir berauben Gott und
verletzen sein Herz, jedes Mal, wenn wir von irgendeiner Seite eine Gunst
erhalten und es versäumen, ihn zu lobpreisen.

Was auch immer wir über die Undankbarkeit des Menschen gegenüber
seinen Mitmenschen sagen mögen, es besteht kein Zweifel daran, dass der
Mensch Gott gegenüber nicht dankbar ist. Wir empfangen fortwährend
Barmherzigkeit und Wohltaten von ihm, und doch gibt es bei den meisten
von uns nicht Tage um Tage, an denen wir kein Herz erheben und kein Wort
des Lobes sprechen? Unsere Gebete bestehen größtenteils aus Bitten und
Bitten um Hilfe und Gunst, aber nur wenig Anbetung und Anbetung. Wir
bitten und bitten weiter, und Gott gibt und gibt weiterhin; Aber wie viele von
uns erinnern sich immer oder oft daran, für erhörte Gebete zu danken? Der
Engel der Bitten – so die Legende – kehrt jedes Mal, wenn er kommt, schwer
beladen von der Erde zurück, um die Gebete der Menschen zu sammeln.
Doch der Engel der Dankbarkeit, der Dankbarkeit, hat fast leere Hände, als
er von seinen Besorgungen in diese Welt zurückkehrt. Doch sollten wir nicht
für alles danken, was wir empfangen, und für jede beantwortete Bitte? Wenn
wir dies tun würden, würden unsere Herzen immer im Lobpreis zu Gott
erhoben werden.

Es gibt die Geschichte eines großen Dirigenten eines Musikfestivals, der
plötzlich seinen Taktstock warf, die Aufführung unterbrach und „Flageolet!"
rief. Das Flageolett erfüllte seinen Zweck nicht und das geschulte Ohr des
Dirigenten verfehlte im großen Orchester den einen Ton. Vermisst Gott
nicht jede Stimme, die in der Musik der Erde, die zu ihm aufsteigt,
verstummt? Und gibt es nicht viele Stimmen, die schweigen, die sich nicht an
dem Lied beteiligen und kein Lob aussprechen? Sollten wir nicht schnell mit
unserem Herzenslied der Dankbarkeit beginnen und alle Kräfte unseres
Wesens dazu aufrufen, Gott zu preisen?

KAPITEL XXI.

EINIGE GEHEIMNISSE EINES GLÜCKLICHEN HAUSLEBENS.

„Die Urpflichten leuchten hoch wie Sterne;
die Wohltätigkeiten, die beruhigen, heilen und segnen, sind wie Blumen zu
den Füßen der Menschen verstreut. * * * * Der Rauch steigt vom Herd der
Hütte so leicht zum Himmel auf wie vom hohen Palast." – WILLIAM
WORDSWORTH.

Das Leben zu Hause sollte glücklich sein. Der Segen Christi für jedes Haus,
in dem er als bleibender Gast willkommen ist, lautet: „Friede sei diesem
Haus." Während vollkommenes Glück in dieser Welt unerreichbar ist, kann
und sollte ein reiches, tiefes und herzerfüllendes Glück sicherlich erreicht
werden.

Dennoch bedarf es kluger Bauweise und sorgfältiger Pflege, um ein Zuhause
wirklich und vollkommen glücklich zu machen. Ein solches Zuhause entsteht
nicht von selbst, durch natürliches Wachstum, wo auch immer eine Familie
ihren Wohnsitz nimmt. Glück muss geplant, gelebt, geopfert und oft auch
erduldet werden. Der Preis eines Hauses ist immer der Selbstverlust
derjenigen, die im Haushalt leben. Heimglück ist der Weihrauch, der vom
Altar der gegenseitigen Selbstaufopferung aufsteigt.

Mit einem Wort kann man sagen, dass Christus selbst das große, gesegnete
Geheimnis allen häuslichen Glücks ist; Christus am Traualtar; Christus, wenn
das Baby geboren wird; Christus, wenn das Baby stirbt; Christus in den Tagen
des Überflusses; Christus in der schwierigen Zeit; Christus im ganzen
Hausleben; Christus in der traurigen Stunde, in der Abschied genommen
werden muss, in der einer vorangeht und der andere bleibt und die Last eines
ungeteilten Kummers trägt. Christus ist das Geheimnis eines glücklichen
Familienlebens.

Der Einfachheit halber kann die Lektion jedoch unterbrochen werden. Zum
einen hat der Ehemann viel zu tun, um das Problem zu lösen. Denkt ein
Mann immer tief über die Verantwortung nach, die er auf sich nimmt, wenn
er eine junge Frau aus dem Schutz der Mutter- und Vaterliebe, dem
wärmsten, weichsten menschlichen Nest auf dieser Welt, entführt und sie in
ein neues Zuhause führt, in dem sein Zuhause ist? Liebe soll von nun an ihr
einziger Zufluchtsort sein? Kein Mann ist geeignet, der Ehemann einer
wahren Frau zu sein, die kein guter Mann ist. Er muss weder großartig noch
brillant noch reich sein, aber er muss gut sein, sonst ist er es nicht wert, das
zarte Leben einer sanften Frau in seine Obhut zu nehmen.

Dann muss er ein Mann sein, treu, mutig, großzügig, männlich. Er muss ein guter Versorger sein. Er muss ein nüchterner Mann sein; Kein Mann, der betrunken nach Hause kommt, und sei es noch so selten, trägt seinen Teil dazu bei, seine Frau und seine Familie glücklich zu machen. Er muss ein Mann mit einem reinen, tadellosen Leben sein, dessen Name in seiner Familie zu einer Ehre und einem Stolz werden soll. Ehemänner haben viel mit dem Thema Glück zu Hause zu tun.

Auch die Frau trägt eine Verantwortung. Gleich zu Beginn sollte klar sein, dass eine gute Haushaltsführung eines der ersten Geheimnisse eines glücklichen Zuhauses ist. Wenn ein Mann ein guter Versorger sein muss, muss eine Frau eine gute Hausfrau sein. Keine Frau ist bereit zu heiraten, bis sie die hohe Kunst der Haushaltsführung beherrscht. Zuhause ist das Königreich der Frau. Sie hält das Glück der Herzen, die dort schmiegen, größtenteils in ihren Händen. Der beste Ehemann, der wahrste, der edelste, der sanfteste, der reichste Mann, kann sein Zuhause nicht glücklich machen, wenn seine Frau nicht in jeder Hinsicht eine Gehilfin ist. Letztlich hängt das Glück zu Hause von der Frau ab. Sie ist die wahre Hausfrau.

Auch Kinder sind ein großer Segen, wenn Gott sie schickt und ihnen reiche Möglichkeiten des Glücks ins Haus bringt. Sie kosten Pflege und erfordern Mühe und Opfer; Sie verursachen oft Schmerz und Kummer, doch der Segen, den sie mit sich bringen, entschädigt tausendmal für die Mühe und die Kosten. Es ist eine heilige Stunde in einem Zuhause, wenn ein Baby geboren und in die Arme eines jungen Vaters und einer jungen Mutter gelegt wird. Es bringt Fragmente des Himmels mit sich, die ihm in die Heimat der Erde folgen. Es gibt kaum eine tiefere, reinere Freude auf dieser Welt als die Freude wahrer Eltern bei der Geburt eines Kindes. Ein großer Teil des Familienglücks im Laufe der Jahre wird von den Kindern getragen. Wir sagen, wir schulen sie, aber sie schulen uns oft mehr als wir sie. Unser Leben wird reicher, unsere Herzen öffnen sich, unsere Liebe wird heiliger, wenn die Kinder in unserer Nähe sind. Eine junge Mutter singt über ihr Baby: —

„Und du bist mein, du hilfloses, zitterndes Ding,
du liebliche Gegenwart? Vogel, wo ist dein Flügel? Wie rein bist du! frisch
von den Feldern des Lichts, wo Engel in weißen Gewändern Getreide
sammeln."

„ Hast du 'versiegelte Anweisungen' mitgebracht, Taube,
wie du die Quelle der Mutterliebe erschließen kannst? Vollkommen gut
erfüllst du deinen gewinnenden Teil; mit heiligem Feuer sind sie in mein
Herz geschrieben.

„Mein Kind, ich fürchte dich! Du bist ein Geist, Seele!
Wie soll ich vor dir wandeln? Halte meine Kleider unversehrt? O Herr, gib

Kraft, gib Weisheit für die Aufgabe, dieses Kind für dich zu erziehen! Noch mehr ich." fragen:

„Leben meines Lebens, für dich sehne ich mich nach den besten Geschenken und freue mich,
mehr als deine Mutter selbst in Träumen hatte! O Vater! Fein dieses Gold! Oh, poliere das, mein Juwel! Bis es schön und passend für dein Diadem ist." ."

Jesus sagte von kleinen Kindern, dass diejenigen, die sie in seinem Namen aufnehmen, ihn aufnehmen. Können wir dann nicht sagen, dass Kinder große Chancen auf Segen und Glück in ein Zuhause bringen? Sie kommen als Boten vom Himmel zu uns und überbringen Botschaften von Gott. Dennoch kennen wir ihren Wert möglicherweise nicht, solange wir sie haben. Tatsächlich sind es oft nur das leere Kinderbett und die leeren Arme, die uns das volle Maß an häuslichem Glück offenbaren, das wir von den Kindern bekommen. Diejenigen, denen Gott Kinder schenkt, sollten sie mit Ehrfurcht empfangen. Es gibt Häuser, in denen Mütter, die einst den Geräuschen ihrer Kinder schnell überdrüssig wurden, jetzt mit schmerzendem Herzen dasitzen und alles dafür geben würden, ein Baby zum Stillen oder einen ausgelassenen Jungen zu haben, um den sie sich kümmern müssen. Kinder gehören zu den Geheimnissen eines glücklichen Zuhauses.

Was das Leben im Haushalt betrifft, so ist Zuneigung eines der Geheimnisse des Glücks. Es gibt Hunderte von Häusern, in denen es Liebe gibt, die für ihre Lieben sterben würde; und doch hungern dort die Herzen nach dem täglichen Brot der Liebe. In manchen Familien besteht die Tendenz, die ganze Zärtlichkeit der Liebe zu ersticken, sie zu unterdrücken, sie abzuwürgen. Es gibt Häuser, in denen die Annehmlichkeiten der Zuneigung unbekannt sind und in denen die Herzen nach dem täglichen Brot hungern. Es gibt Ehemänner und Ehefrauen, zwischen denen sich der Liebesstreit in den allernächsten Konventionen niedergeschlagen hat. Es gibt Eltern, die ihre Kinder nie küssen, wenn sie noch Babys sind, und die ihnen im Laufe ihres Erwachsenwerdens das Verlangen nach Zärtlichkeiten entmutigen. Es gibt Familien, deren Alltag durch unaufhörliche kleinliche Streitereien und Unhöflichkeiten beeinträchtigt wird.

Das sind keine Übertreibungen. Dennoch gibt es in diesen Häusern Liebe, und alles, was nötig ist, ist, dass sie freigelassen wird, um ihren süßen Dienst zu erfüllen. Es gibt kalte, freudlose Häuser, die sich in kurzer Zeit im tiefsten Glanz der Liebe erwärmen könnten, wenn alle Herzen des Haushalts einen liebevollen Ausdruck entwickeln würden. Glaubt der vielbeschäftigte Ehemann, dass seine müde Frau sich nicht mehr für die Zärtlichkeiten und Zärtlichkeiten interessieren würde, mit denen er sie früher erregte? Lassen Sie ihn einen Monat lang wieder zu seiner alten Vorliebe zurückkehren und fragen Sie sie dann, ob ihr diese jugendlichen Annehmlichkeiten zuwider sind. Denken Eltern, dass ihre erwachsenen Kinder zu groß sind, um sie beim Kennenlernen und Abschied streicheln oder küssen zu lassen? Lassen Sie sie eine Zeit lang etwas von der Zärtlichkeit der Kindheitstage wiederherstellen und sehen Sie, ob darin nicht ein Segen liegt. Viele, die sich nach mehr Glück zu Hause sehnen, brauchen nur um einen Frühling der Liebe zu beten, mit einer Zärtlichkeit, die keine Angst vor liebevollem Ausdruck hat.

„Tröstet einander;
mit dem Händedruck, der eng und zärtlich ist, mit der Süße, die die Liebe geben kann, und mit den Blicken freundlicher Augen. Wartet nicht mit unausgesprochener Gnade, während das tägliche Brot des Lebens gebrochen wird: Sanfte Rede ist oft wie Manna vom Himmel." "

Wir sollten keine Angst haben, unsere Liebe zu Hause auszusprechen. Wir sollten so viel Zärtlichkeit wie möglich in das tägliche Leben im Haushalt integrieren. Wir sollten uns am Morgen verabschieden, indem wir uns am Frühstückstisch verabschieden, freundlich genug für den letzten Abschied; denn es könnte tatsächlich ein endgültiger Abschied sein. Viele gehen morgens aus und kommen abends nie nach Hause; Deshalb sollten wir uns trennen, auch nur für ein paar Stunden, mit freundlichen Worten, mit anhaltendem Druck der Hand, damit wir einander nie wieder in die Augen schauen. Zärtlichkeit in einem Zuhause ist keine kindische Schwäche, man muss sich nicht schämen; es ist eine der heiligen Pflichten der Liebe. Ein liebevoller Ausdruck ist eines der Geheimnisse eines glücklichen Familienlebens.

Religion ist ein weiteres dieser Geheimnisse. Dort, wo das Evangelium Christi angenommen wird, fällt der Segen des Himmels: „Friede sei diesem Haus." In einem Zuhause ohne Christus mag es ein gewisses Maß an Glück geben, aber bestenfalls fehlt etwas, und wenn dann die Trauer kommt und die Sonne der irdischen Freude verdunkelt wird, gibt es keine Lampen himmlischen Trostes, die die Dunkelheit erhellen könnten. In der Tat ist das christlose Zuhause traurig, wenn ein geliebter Mensch tot in seiner Tür liegt. Keine Worte des christlichen Trostes können trösten, weil es keinen Glauben gibt, der sie annimmt. Keine Sterne leuchten durch ihre Zypressen. Aber wie anders ist es im christlichen Zuhause, in der gleichen Trauer! Die Trauer ist genauso schmerzhaft, aber die Wahrheit der Unsterblichkeit wirft heiliges Licht auf die Dunkelheit, und es gibt eine tiefe Freude, die die Trauer verklärt.

Dürfen wir den Kummer dann nicht einmal als eines der Geheimnisse des Glücks in einem wahren christlichen Zuhause betrachten? Dies mag auf den ersten Blick wie ein seltsamer Vorschlag erscheinen. Aber es gibt sicherlich Familien, die Kummer erlebt haben und die jetzt eine tiefere, reichere und vollere Freude empfinden als vor der Trauer. Der Kummer dämpfte ihre

Freude und machte sie weniger urkomisch, aber nicht weniger süß. Der Trauerfall brachte die Herzen aller Familien noch näher zusammen. Der Verlust eines Mitglieds des Kreises machte die Verbliebenen einander teurer als zuvor. Die Tränen wurden zu kristallinen Linsen, durch die der Glaube tiefer in den Himmel blickte. Dann kam Christus in der Trauer näher und trat wirklicher in das Leben des Hauses ein. Seit den dunklen Tagen bedeutet das Gebet mehr. Es ist ein neuer Duft der Liebe im Haushalt aufgetaucht. Es gibt viele Häuser, deren gegenwärtiges reiches, tiefes und stilles Glück durch Trauer mitgestaltet wurde.

Aber nicht nur im Kummer spendet die Religion ihren Segen. Es macht das ganze Glück noch süßer, die Gewissheit zu haben, dass Gottes Liebe und Gunst in der Familie bleiben. Die Lasten sind leichter, weil es Einen gibt, der sie alle teilt. Das Morgengebet der Familie, bei dem sich alle gemeinsam verbeugen, macht den ganzen Tag schöner; und das Abendgebet vor dem Schlafengehen gibt allen ein sicheres Gefühl für die Nacht. Dann weckt die Religion Selbstlosigkeit, Rücksichtnahme, den Geist der gegenseitigen Hilfsbereitschaft, des Tragens von Lasten und des Dienens und bereichert so das Familienleben.

Nach einer Weile zerstreuen sich die jungen Leute und bauen eigene Häuser. Wie schön ist es dann, das alte Paar zu sehen, das vor dreißig oder vierzig Jahren zusammen am Traualtar stand, still beieinander, mit so wahrer, reiner und zärtlicher Liebe wie eh und je, und darauf wartete, nach Hause zu gehen. Nach und nach geht der Mann weg und kommt nicht mehr zurück, und dann ist die Frau einsam und möchte auch gehen. Wenig später ist auch sie verschwunden, und sie sind auf der anderen Seite wieder zusammen, diese lieben alten Liebenden, und werden von nun an nie mehr getrennt werden. Und das ist das gesegnete Ende eines glücklichen christlichen Zuhauses.

KAPITEL XXII.

GOTTES WINTERPFLANZEN.

„Der Wind, der weht, kann niemals
den Baum töten, den Gott pflanzt; er weht nach Osten; er weht nach
Westen;
die zarten Blätter haben wenig Ruhe, aber jeder Wind, der weht, ist am
besten. Der Baum, den Gott pflanzt, schlägt tiefere Wurzeln, wächst noch
höher, breitet sich weiter aus." Zweige, denn Gottes Wohlwollen erfüllt alle
seine Bedürfnisse. –LILLIE E. BARR.

In einem der Papiere wird von einer neu entdeckten Blume berichtet. Man
nennt sie Schneeblume. Es wurde im nördlichen Teil Sibiriens gefunden. Die
Pflanze schießt aus dem Eis und dem gefrorenen Boden in die Höhe. Es hat
drei Blätter mit einem Durchmesser von jeweils etwa drei Zoll. Sie wachsen
an der Nordseite des Stängels. Jedes der Blätter scheint mit kleinen
Schneekristallen bedeckt zu sein. Wenn sich die Blüte öffnet, ist sie
sternförmig, ihre Blütenblätter sind genauso lang wie die Blätter und etwa
einen halben Zoll breit. Am dritten Tag zeigen die Enden der Staubbeutel
winzige glitzernde Flecken, die wie Diamanten aussehen und die Samen
dieser wunderbaren Blume sind.

Ist diese seltsame Schneeblume nicht ein Beispiel für das Leben vieler
Christen? Gott scheint sie in Eis und Schnee zu pflanzen; Dennoch leben
und wachsen sie aus der winterlichen Kälte zu schöner und wundersamer
Schönheit heran. Wir sollten sagen, dass die schönsten Lebewesen auf der
Erde diejenigen sind, die unter den sanftesten und freundlichsten Einflüssen,
unter dem Sommerhimmel, in der warmen Atmosphäre der Leichtigkeit und
Behaglichkeit aufwachsen. Aber die Wahrheit ist, dass die edelsten
Entwicklungen des christlichen Charakters im winterlichen Garten der Not,
des Kampfes und des Kummers wachsen.

Prüfungen sollten daher nicht als entmutigend betrachtet werden, als etwas,
das das Leben verkümmert, in den Schatten stellt und seine Schönheit
beeinträchtigt. Es sollte vielmehr, wenn es dazu kommt, als Teil der Disziplin
Gottes akzeptiert werden, durch die er die edelsten und besten Möglichkeiten
unseres Charakters hervorbringen möchte. Vielleicht wären wir für die Zeit
glücklicher, wenn wir einfachere und angenehmere Bedingungen hätten.
Kinder könnten glücklicher sein, wenn sie nicht zurückgehalten werden,
ohne Familienherrschaft, ohne Züchtigung – wenn man sie einfach in aller
Eigensinnigkeit und Eigensinnigkeit aufwachsen lässt . Aber es gibt etwas
Besseres im Leben als das gegenwärtige Glück. Ein disziplinierter Charakter
im Mannesalter ist besser als eine Kindheit und Jugend der Zügellosigkeit,

die zu einer wertlosen Männlichkeit als Ergebnis führt, auch wenn er durch hartes und strenges Heimtraining erworben wurde. Ein edles Leben, das Gottes Ebenbild trägt, auch um den Preis von viel Schmerz und Selbstverleugnung, ist besser als Jahre der Freiheit von Sorgen und Opfern mit einem Leben, das am Ende ungesegnet und verloren ist. „Gott zu dienen und ihn zu lieben", sagt einer, „ist höher und besser als Glück, auch wenn es mit verletzten Füßen und blutenden Händen und einem mit Kummer beladenen Herzen geschieht."

„So viel vermissen wir,
wenn die Liebe schwach ist; so viel gewinnen wir, wenn die Liebe stark ist. Gott hält keinen Schmerz für zu scharf oder dauerhaft, um ihn zu verordnen, um uns dies zu lehren."

Es ist gut, dass wir verstehen, wie wir Prüfungen annehmen, um aus der harten Erfahrung das Gute zu ziehen, das sie für uns hat. Zum einen sollten wir es immer mit Ehrfurcht annehmen. Widerstand verwirkt den Segen, der nur dem liebenden, unterwürfigen Geist zuteil werden kann. Lehrbarkeit ist die unveränderliche Bedingung des Lernens. Gegen die Prüfung zu rebellieren bedeutet, alles Gute zu verpassen, was es uns gebracht hat. Es gibt einige, die alle Härte und jedes Leid in ihrem Schicksal als Unfreundlichkeit gegenüber Gott verachten. Diese wachsen unter der göttlichen Züchtigung nicht besser, sondern werden dadurch verletzt. Wenn wir die Bedingungen unseres Lebens, wie hart sie auch sein mögen, als göttlich festgelegt und als die Bedingungen akzeptieren, unter denen wir eine Zeit lang am besten wachsen werden, sind wir bereit, von ihnen den Segen und das Gute zu erhalten, das sie für uns vorgesehen haben .

Ein weiterer wichtiger Vorschlag ist, dass wir nicht vor Gericht ohnmächtig werden. Es gibt diejenigen, die aufgeben und all ihren Mut und Glauben verlieren, wenn Schwierigkeiten kommen. Sie können das Leiden nicht ertragen. Trauer zermalmt sie. Sie brechen sofort unter einem Kreuz zusammen und glauben, dass sie nie wieder weitermachen können. Es gab viele Leben, die durch Bedrängnis oder Widrigkeiten zerstört wurden und die nicht wieder aus dem Staub auferstanden sind. Es hat schon früher glückliche und treue Mütter gegeben, denen ein Kind aus dem Haus genommen wurde, und die von diesem Tag an jegliches Interesse am Leben verloren haben, ihr Zuhause trostlos und trostlos werden ließen und ihre anderen Kinder beim Sitzen vernachlässigt blieben mit gefalteten Händen im Verzicht auf ihre verzweifelte, unbefriedigte Trauer. Es gab Menschen mit großen Hoffnungen, die eine Niederlage erlitten oder einen Verlust erlitten hatten, dann aber in ihrer Entmutigung nachließen und in den Staub des Scheiterns fielen, ohne jemals wieder aufzustehen.

Nichts ist trauriger im Leben als solche Nachgiebigkeiten . Sie sind unsterblicher Wesen unwürdig. Die göttliche Absicht in Prüfungen besteht niemals darin, uns zu zerschlagen, sondern uns immer auf irgendeine Weise Gutes zu tun und neue Lebensenergie in uns hervorzubringen. Was auch immer der Verlust, der Kampf oder das Leid sein mag, wir sollten es in Liebe, Demut und Glauben annehmen, seine Lehren daraus ziehen und dann mit dem Leben fortfahren, das vor uns liegt. Wenn ein Kind aus dem Heim genommen wird, sollte die Mutter mit ehrfürchtigerem Herzen und sanfterer Hand die gesamte Energie ihres züchtigen Lebens in die Kanäle der Liebe lenken und mehr als je zuvor für ihr Zuhause und die Kinder, die zurückgelassen werden, leben ihr. Der Mann, der den überwältigenden Schlag einer plötzlichen Trauer oder eines Verlustes verspürt hat, sollte die Hand Gottes küssen, die ihn geschlagen hat, und schnell aufstehen und sich weiter den Kämpfen und Pflichten widmen, die vor ihm liegen. Wir sollten niemals eine Niederlage als endgültig akzeptieren. Auch wenn wir uns in den letzten Stunden des Lebens befinden, nur noch ein kleiner Rand übrig ist und wir all unsere vergangenen Misserfolge und Verluste berücksichtigen, sollten wir dennoch nicht verzweifeln.

„Was wäre, wenn der Glanz, der einst so hell war,
jetzt für immer aus meinen Augen verschwunden ist? Obwohl nichts die Stunde der Pracht im Gras, der Herrlichkeit in der Blume zurückbringen kann, werden wir nicht trauern, sondern vielmehr Kraft in dem finden, was zurückbleibt." ."

Es gibt nirgendwo ein besseres Beispiel dafür, wie wir uns immer wieder aus Prüfungen erheben sollten, als im Leben des heiligen Paulus. Vom Tag seiner Bekehrung bis zu seinem Tod verfolgte ihn Unglück. Er wurde missverstanden; er wurde um Christi willen vertrieben; er erlebte Verfolgung in jeder Form; er erlitt Schiffbruch; er lag in Kerkern; er wurde von seinen Freunden verlassen. Aber er wurde nie ohnmächtig, ließ sich nie entmutigen, sagte nie ein Wort darüber, aufzugeben. „Niedergeschlagen, aber nicht zerstört", lautete die Geschichte seines Lebens. Er erwachte schnell aus allen Prüfungen und Widrigkeiten, mit einem neuen Licht in seinen Augen, einer neuen Begeisterung in seinem Herzen. Er konnte nicht besiegt werden, denn er hatte Christus in sich. Sollen wir nicht den unbesiegbaren Geist des heiligen Paulus einfangen, damit wir in keiner Prüfung in Ohnmacht fallen?

Es erfordert Glauben, um Schwierigkeiten und Widrigkeiten heldenhaft zu begegnen. Zweifellos ist der Segen damals weder in der Trauer noch in der Niederlage erkennbar. Alles scheint katastrophal und destruktiv zu sein. Das Gute kommt erst in der Zukunft, in der Umsetzung. Es ist eine Frage des Glaubens, nicht des Sehens. „Jede Züchtigung scheint vorerst nicht freudig, sondern schmerzlich zu sein; doch hinterher bringt sie denen, die sie geübt haben, friedvolle Frucht, nämlich die Frucht der Gerechtigkeit." Oh, der

Segen des „Danach" Gottes! Eines Tages dachte und sagte Jakob, dass alles gegen ihn sei, aber danach sah er, dass seine großen Nöte und Verluste Teil eines wunderschönen Liebesplans für ihn waren. Die Jünger glaubten, dass das Kreuz die Zerstörung all ihrer messianischen Hoffnungen bedeutete; Danach sahen sie, dass dies die Erfüllung dieser Hoffnungen war. Das Beschneiden, das zu dieser Zeit so stark in das Leben des Weinstocks einschneidet und große, üppige Zweige abschneidet, wird später als Rettung und Bereicherung des gesamten Weinstocks angesehen. Deshalb brauchen wir immer Glauben. Wir müssen gegen den Schein glauben.

„Unter der Quelle des Übels
füllt sich mancher Kelch, und die geduldige Lippe findet, obwohl sie oft trinkt,
nur das Bittere.

„Dennoch weiß ich, dass
aus der Dunkelheit herauswachsen muss, früher oder später, was auch immer gerecht ist, da der Himmel es so gewollt hat."

Der Pflug wurde hin und her gefahren. Das Feld war mit Gräsern und schönen Blumen bedeckt, aber unbarmherzig bahnte sich die Schar ihren Weg durch sie hindurch und schnitt Furche um Furche. Es schien, als würde all die Schönheit hoffnungslos zerstört. Doch nach und nach kam die Erntezeit, und das Feld wogte mit goldenem Weizen. Das war es, was der Pflügerglaube von Anfang an sah.

Trauer scheint das Leben eines Kindes Gottes zu zerstören. Seine grobe Schar pflügt immer wieder durch ihn hindurch, hinterlässt so manche tiefe Furche und zerschneidet seine Schönheit. Aber danach wächst aus dem zerschmetterten und zerbrochenen Leben eine Ernte des Segens und des Guten. Das ist es, was Gott immer in Prüfungen und Kummer vorhat.

Lasst uns den Glauben des Pflügers haben, und wir werden nicht in Ohnmacht fallen, wenn uns die Schar durchs Herz geht. Dann werden wir durch den Glauben jenseits von Schmerz und Prüfung den Segen eines reicheren Lebens, weißerer Heiligkeit und größerer Fruchtbarkeit sehen. Und diesen Segen zu erlangen, wird all den Schmerz und die Prüfung wert sein.

KAPITEL XXIII.

UNVOLLENDETER LEBENSAUFBAU.

„Lass mich nicht sterben, bevor ich mein irdisches Werk für dich getan habe
, was auch immer es sein mag. Rufe mich nicht fort, mit unerfüllter Mission; tue meinen Teil, den ich ungetan lasse.

Wir sind alle Baumeister. Wir errichten vielleicht kein Haus oder Tempel auf einer Stadtstraße, damit das menschliche Auge sie sehen kann, aber jeder von uns baut ein Bauwerk auf, das Gott und die Engel sehen können. Das Leben ist ein Gebäude. Im Laufe der Jahre steigt er langsam an, Tag für Tag. Jede neue Lektion, die wir lernen, blockiert das Gebäude, das still in uns entsteht. Jede Erfahrung, jede Berührung eines anderen Lebens in unserem Leben, jeder Einfluss, der uns beeindruckt, jedes Buch, das wir lesen, jedes Gespräch, das wir führen, jede Handlung unserer gewöhnlichsten Tage, trägt etwas zum unsichtbaren Gebäude bei. Auch Trauer hat ihren Platz bei der Vorbereitung der Steine, die auf der Lebensmauer liegen sollen. Alles Leben liefert den Stoff.

„Unser Heute und Gestern
sind die Bausteine, mit denen wir bauen.“

Auf dieser Welt werden viele edle Charaktere gezüchtet. Aber es gibt auch viele, die nur niedrige, gemeine Hütten ohne Schönheit bauen, die in den Prüfungsfeuern des Gerichts hinweggefegt werden. Es gibt auch viele, deren Lebenswerk das Spektakel eines unvollendeten Gebäudes darstellt. Es gab von Anfang an einen schönen Plan, und die Arbeit versprach für kurze Zeit Erfolg; Aber nach einer Weile wurde es verlassen und mit halbhohen Mauern stehen gelassen, ein nutzloses Fragment, offen und freigelegt, eine unvollständige, unrühmliche Ruine, die keine Geschichte vergangener Pracht erzählt wie die Ruinen einer alten Burg oder eines Kolosseums Denkmal nur der Torheit und des Versagens.

„Es gibt nichts Traurigeres“, schreibt einer, „als eine unvollständige Ruine; eine, die nie von Nutzen war; die nie das war, was sie sein sollte; an die keine reinen, heiligen, erhabenen Assoziationen hängen, keine Gedanken an ausgefochtene Schlachten.“ und gewonnene Siege, oder von Niederlagen, die ebenso glorreich sind wie Siege. Gott sieht sie, wo wir sie nicht sehen. Der höchste Turm mag für ihn unvollendeter sein als der niedrigste.

Wir dürfen die Wahrheit dieses letzten Satzes nicht vergessen. Es gibt Leben, die in unseren Augen nur begonnen und dann aufgegeben zu sein scheinen, die in den Augen Gottes immer noch zu immer anmutigerer Schönheit aufsteigen. Hier ist einer, der sein Lebenswerk mit dem ganzen Eifer der Jugend und dem ganzen Enthusiasmus eines geweihten Geistes begann. Eine Zeit lang wurde seine Hand nie müde, seine Energie ließ nie nach. Freunde erwarteten Großes von ihm. Dann verschlechterte sich sein Gesundheitszustand. Die fleißige Hand liegt jetzt untätig und wartend. Sein Enthusiasmus treibt ihn nicht mehr in die Irre. Sein Werk ist unvollendet.

"Was für eine Schande!" Männer sagen. Aber warte! Er hat kein unvollendetes Lebenswerk hinterlassen, wie Gott es sieht. Er ruht in Unterordnung zu Füßen des Meisters und wächst inzwischen als Christ. Der spirituelle Tempel in seiner Seele erhebt sich langsam in der Stille. Jeder Tag trägt etwas zur Schönheit seines Charakters bei, während er die Lektionen Geduld, Selbstvertrauen, Frieden, Freude und Liebe lernt. Sein Bau wird am Ende schöner sein, als wenn er viele arbeitsreiche Jahre damit verbracht hätte, seine eigenen Pläne umzusetzen. Er erfüllt Gottes Absicht für sein Leben.

Wir dürfen den spirituellen Aufbau nicht an irdischen Maßstäben messen. Wo das Herz Christus treu bleibt; wo das Kreuz des Leidens freudig auf sich genommen und liebevoll getragen wird; Wo der Geist gehorsam ist, obwohl die Hände gefaltet liegen und die Füße still sein müssen, erhebt sich der Tempel kontinuierlich zur vollendeten Schönheit.

Oder hier ist einer, der in früher Jugend stirbt. Das schöne Leben war vielversprechend. Die Zuneigung hatte dafür ein edles Gewebe der Hoffnung geschaffen. Vielleicht begann die Schönheit im Gesicht zu strahlen und die Hände begannen, ihr Können zu zeigen. Dann kam der Tod und alle berechtigten Hoffnungen wurden zunichte gemacht. Die Visionen von Schönheit und die Träume von edlen Errungenschaften und Errungenschaften lagen wie verwelkte Blumen auf dem Grab. Ein unfertiges Leben! Freunde weinen vor Enttäuschung und Trauer. So scheint es den Augen der Liebe sicherlich von der Erdenseite aus zu sein. Aber es ist nicht so , wie Gottes Auge es sieht. Es gibt nichts Unvollendetes, das den göttlichen Plan erfüllt. Gott schneidet kein junges Leben ab, bis seine irdische Arbeit erledigt ist. Dann wurde die Seelenbildung, die hier begann und durch den Tod unterbrochen zu sein schien, nur durch einen dünnen Schleier vor unseren Augen verborgen, hinter dem sie immer noch in ununterbrochener Kontinuität aufsteigt und in der Gegenwart Gottes zu schönster Schönheit aufsteigt.

Aber es gibt verlassene Lebensgebäude, deren Geschichte nur von Scham und Scheitern erzählt. Viele Menschen beginnen, Christus nachzufolgen, wenden sich nach kurzer Zeit von ihrem Beruf ab und hinterlassen nur einen prätentiösen Anfang, der als Ruine dasteht, über die die Welt lachen und den Namen des Meisters entehren kann.

Manchmal ist es Entmutigung, die Menschen dazu bringt, die Arbeit, die sie sich vorgenommen haben, aufzugeben. In einem seiner Gedichte erzählt Wordsworth eine erbärmliche Geschichte über einen verstreuten Haufen unbehauener Steine und den Beginn eines Schafstalls, der nie fertiggestellt wurde. Mit seiner Frau und seinem einzigen Sohn lebte der alte Michael, ein Hirte aus den Highlands, viele Jahre lang in Frieden. Doch es kam zu Unruhen, die es notwendig machten, dass der Sohn eine Zeit lang wegging, um sich selbst zu versorgen. Eine Zeit lang kamen gute Berichte von ihm, und der alte Hirte ging, wenn er Muße hatte, hinaus und arbeitete an dem Schafstall, den er baute. Nach und nach kamen jedoch traurige Nachrichten von Luke. In der großen, ausschweifenden Stadt hatte er sich bösen Taten hingegeben. Schande überfiel ihn und er wurde getrieben, ein Versteck jenseits der Meere zu suchen. Die traurige Nachricht brach dem alten Vater das Herz. Er ging wie zuvor umher und kümmerte sich um seine Schafe. Auch das hohle Tal reparierte er von Zeit zu Zeit, das heißt, er baute an der unvollendeten Falte. Aber die Nachbarn bemerkten in ihrem Mitleid, dass er in diesen traurigen Tagen wenig arbeitete.

„Es wird von allen geglaubt
, dass er viele, viele Tage dorthin ging und keinen einzigen Stein hob. Dort beim Schafstall sah man ihn manchmal allein sitzen, mit seinem treuen Hund, dann alt, neben ihm, zu seinen Füßen liegend . Ganze sieben Jahre lang arbeitete er von Zeit zu Zeit am Bau seines Schafstalls und ließ das Werk unvollendet, als er starb.

Jahre nach dem Tod des Hirten waren die Überreste der unvollendeten Hütte immer noch da, ein trauriges Denkmal für jemanden, der mit dem Bau begann, ihn aber nicht fertigstellte. Kummer brach ihm das Herz und seine Hand ließ nach.

Allzu oft werden edle Lebensgebäude in der Zeit der Trauer aufgegeben, und die Hände, die vor der Trauer schnell und geschickt waren, hängen an der Tempelwand und tun nichts mehr. Anstatt jedoch unsere Arbeit aufzugeben und in unserem Fleiß nachzulassen, sollten wir uns von der Trauer zu noch größerer Ernsthaftigkeit in allen Pflichten und größerer Treue in allem Leben inspirieren lassen. Gott möchte nicht, dass wir unter der Züchtigung in Ohnmacht fallen, sondern dass wir mit unserer Arbeit fortfahren und durch die Trauer zu neuem Ernst motiviert werden.

Mangel an Glauben ist ein weiterer Grund , der viele dazu bringt, ihre Lebenstempel unvollendet zu verlassen. Menschenmengen folgten Christus in den ersten Tagen seines Wirkens, als alles hell schien, und als sie den Schatten des Kreuzes sahen, kehrten sie um und wandelten nicht mehr mit ihm. Sie verloren ihren Glauben an ihn. Es ist verblüffend zu lesen, wie nahe sogar die Apostel unseres Herrn daran waren, ihre Gebäude unvollendet zu lassen. Wäre ihr Glaube nach der Auferstehung ihres Meisters nicht wiedergekehrt, hätten sie in dieser Welt nur traurige Denkmäler des Scheiterns hinterlassen, statt herrlicher fertiggestellter Tempel.

Gerade in diesen Tagen gibt es viele, die ihren Glauben verloren haben und ihre Arbeit an der Mauer des Tempels der christlichen Jüngerschaft aufgeben, den sie begonnen haben zu bauen. Wer kennt nicht diejenigen, die einst ernsthaft und enthusiastisch im christlichen Leben waren, obwohl es nur wenig Widerstand gab, aber in Ohnmacht fielen und scheiterten, als es schwierig wurde, sich zu Christus zu bekennen und mit ihm zu wandeln?

Dann zieht die Sünde in irgendeiner Form so manchen Baumeister von seinem Werk ab und lässt es unvollendet. Vielleicht sind es die Faszinationen der Welt, die ihn von der Seite Christi ziehen. Möglicherweise sind es sündige menschliche Kameraden, die ihn von der loyalen Freundschaft zu seinem Erlöser abbringen . Vielleicht sind es Reichtümer, die ihm ins Herz dringen und ihn die Augen für die Anziehungskraft des Himmels verschließen. Es kann eine geheime, erniedrigende Lust sein, die Macht über ihn gewinnt und sein spirituelles Leben lähmt. Viele sind heute inmitten der Menschenmassen der Welt da, die einst am Tisch des Herrn saßen und zum Volk Gottes gehörten. Unvollendete Gebäude sind ihr Leben, Türme, die mit großer Begeisterung begonnen und dann verlassen wurden, um allen Vorübergehenden ihre traurige Geschichte des Scheiterns zu erzählen. Sie begannen mit dem Bau und konnten ihn nicht fertigstellen.

Es ist traurig, darüber nachzudenken, wie viel von diesem unvollendeten Werk Gottes Engel sehen, wenn sie auf unsere Erde herabblicken. Denken Sie an die guten Anfänge, aus denen am Ende nie etwas wird; die großartigen Vorsätze, die nie in die Tat umgesetzt werden, die edlen Lebenspläne, die so viele junge Menschen mit glühender Begeisterung in Angriff genommen, aber bald aufgegeben haben. Denken Sie an die schönen Visionen und berechtigten Hoffnungen, die zu großartigen Realitäten werden könnten, die aber verblassen und nicht die Spur einer einzigen aufrichtigen, ernsthaften Anstrengung hinterlassen, sie in die Realität umzusetzen.

In allen Lebensbereichen sehen wir diese verlassenen Gebäude. Die Geschäftswelt ist voll davon. Die Menschen begannen zu bauen, aber nach kurzer Zeit waren sie verschwunden und ließen ihre Arbeit unvollendet zurück. Sie machten sich freudig auf den Weg, aber müde von der langen Arbeit, oder sie waren entmutigt über den langsamen Erfolg und gaben ihr Ideal auf, als es vielleicht gerade zur Verwirklichung bereit war. Viele Häuser bieten das Spektakel verlassener Liebesträume. Eine Zeit lang erstrahlte die schöne Vision in strahlendem Glanz, und zwei Herzen versuchten, sie wahr werden zu lassen, gaben sie dann aber verzweifelt auf.

also überall voller Anfänge, die nie zu Ende geführt werden. Auf den Straßen gibt es kein Seelenwrack, keinen Gefangenen, der seine Strafe hinter Eisengittern verbüßt, keinen erniedrigten, gefallenen Menschen irgendwo, in dessen Seele nicht einmal Visionen von Schönheit, strahlende Hoffnungen, heilige Gedanken und Absichten usw. waren hohe Vorsätze – ein Ideal von etwas Schönem und Edlem. Aber leider! Die Visionen, die Hoffnungen, die Absichten, die Entschlüsse wurden nie zu mehr als Anfängen. Gottes Engel beugen sich nieder und sehen eine große Wildnis aus unfertigen Stoffen, großartigen, unerfüllten Möglichkeiten, verlassenen edlen Häfen , gespenstischen Ruinen, traurigen Mahnmalen nur des Scheiterns.

Die Lehre aus all dem ist, dass wir unsere Arbeit zu Ende bringen sollten, dass wir nicht zulassen sollten, dass uns nichts von unserer Pflicht abbringt, dass wir niemals müde werden sollten, Christus nachzufolgen, dass wir den Anfang unseres Vertrauens standhaft bis zum Ende festhalten sollten . Wir sollten unter keiner Last, angesichts jeder Gefahr, vor der Forderung nach Kosten und Opfern schwanken. Keine Entmutigung, kein Kummer, keine weltliche Anziehung, keine Not sollte auch nur für einen Moment unsere Entschlossenheit schwächen, bis zum Tod treu zu sein. Niemand, der begonnen hat, für Christus zu bauen, sollte ein unvollendetes, aufgegebenes Lebenswerk hinterlassen, das das Herz des Meisters betrübt und als Schmach für den Namen, den er trägt, verspottet wird.

Dennoch müssen wir uns daran erinnern, damit wir nicht entmutigt werden, dass jeder Lebensaufbau nur in einem relativen, menschlichen Sinne vollständig abgeschlossen werden kann. Unsere beste Arbeit ist beschädigt und unvollkommen. Nur wenn wir in Christus sind und mit ihm zusammenarbeiten, kann alles, was wir tun, jemals perfekt und schön sein. Aber die Schwächsten und Demütigsten, die einfach treu sind, werden am Ende vollkommen in ihm stehen. Sogar der kleinste Teil des Lebens, wie er in den Augen der Menschen erscheint, wird, wenn er wirklich in Christus lebt und von seiner Liebe und seinem Geist erfüllt ist, fertig erscheinen, wenn er vor der göttlichen Gegenwart präsentiert wird. Gottes Willen zu tun, was auch immer das sein mag, um seinen Plan zu erfüllen, bedeutet, in Christus vollkommen zu sein, auch wenn der Aufenthalt auf der Erde nur einen Tag dauert und die geleistete Arbeit keinen großen menschlichen Plan erfüllt und keine brillanten Aufzeichnungen hinterlässt unter Männern.

„Deine Arbeit ist unvollendet! Fürchte dich nicht,
auch wenn bei seiner Ankunft der Stein ungebrochen vorgefunden werden könnte. Doch für deinen Glauben jenseits der Himmel wird dein Eigentum der ersehnte Preis sein. Er weiß am besten, wer jetzt von der Arbeit ruft, sich auszuruhen, zu baue nicht mehr.“

KAPITEL XXIV.

Eisenschuhe für unebene Straßen.

kennt unseren schwachen Körper ,
    Erinnert sich daran, dass wir Staub sind;
Und sein Gesicht ist immer freundlich, seine Wege sind immer gerecht. Im Bösen und in der Blindheit wandern wir durch ein dunkles Labyrinth, doch unser Vater führt uns dennoch nach Hause, mit der Kraft mächtiger Liebe." – MARGARET E. SANGSTER.

Das Thema Schuhe ist wichtig. Dies gilt insbesondere dann, wenn die Straßen holprig und hart sind. Ohne etwas Robustes und Bequemes zum Tragen an den Füßen können wir dann nicht auskommen. Man würde kaum erwarten, in der Bibel etwas über ein solches Bedürfnis zu finden. Doch es zeigt nur, wie wirklich die Bibel auf unser gesamtes Leben zugeschnitten ist, wenn man darin eine Verheißung findet, die sich auf Schuhe bezieht.

Im Segen Moses, den er vor seinem Tod an die verschiedenen Stämme aussprach, hieß es unter anderem für Asher: „Deine Schuhe sollen aus Eisen sein." Eine kleine geographische Anmerkung hilft, die Bedeutung zu verdeutlichen. Ein Teil von Ashers zugeteiltem Teil war hügelig und zerklüftet. Gewöhnliche Sandalen aus Holz oder Leder hielten der Abnutzung durch die scharfen, steinigen Steine nicht stand. Es bestand daher Bedarf an einer besonderen Art von Schuhen. Daher die Form der Verheißung: „Deine Schuhe sollen aus Eisen sein."

Sogar die biblischen Worte, die durch die besonderen Umstände, unter denen sie ursprünglich gesprochen wurden, die lebhafteste lokale Färbung erhielten, sind für uns noch genauso wahr wie für diejenigen, zu denen sie zuerst kamen. Wir müssen nur den wahren Kern der Bedeutung der Worte aus den lokalen Anspielungen herauslösen, und schon haben wir eine ewige Verheißung, die jedes Kind Gottes beanspruchen kann.

Wenn wir diese Zusicherung aus alter Zeit in ein Wort für Pilger des 19. Jahrhunderts umwandeln, erhalten wir daraus einige wichtige Anregungen. Zum einen sagt es uns, dass wir vor dem Ende unserer Lebensreise möglicherweise noch einige holprige Straßenabschnitte vor uns haben werden. Wenn nicht, welchen Bedarf gäbe es dann für Eisenschuhe? Wenn der Weg mit Blumen übersät sein soll, reichen Samtpantoffeln aus, wie Dr. McLaren irgendwo vorschlägt. Für einen Spaziergang durch eine weiche Wiese wünscht sich kein Mann eisenbesohlte Schuhe. Die Reise wird wahrscheinlich nicht ganz einfach sein. Tatsächlich ist ein ernsthaftes christliches Leben nie einfach. Niemand kann ohne Kampf, Kampf und Selbstverleugnung edel und würdig leben. Man mag einfache Wege finden, aber sie sind nicht die wertvollsten. Sie führen nicht hinauf zu den edelsten Dingen. Ein Grund dafür, dass viele Menschen die Visionen von Schönheit und Pracht, die ihnen in jungen Jahren in den Sinn kommen, nie begreifen, liegt darin, dass ihnen der Mut zum rauen Klettern fehlt.

„Ich erreiche eine Pflicht, erfülle sie aber nicht
und steige daher nicht höher; aber wenn ich sie erfülle, wird meine Sicht aufgehellt und ein anderer Fleck auf meiner sterblichen Sonne gesehen; denn sei die Pflicht hoch wie der Flug eines Engels – erfülle sie, und ein Höheres wird sogar aus seiner Asche entstehen. Die Pflicht ist unsere Leiter zum Himmel, und wenn wir nicht klettern, fallen wir."

Wir werden unsere eisernen Schuhe brauchen, wenn wir die Reise antreten wollen, die zu den besten Möglichkeiten unseres Lebens führt.

Aber das Wort ist nicht nur eine Prophezeiung rauer Pfade; Es ist auch ein Versprechen, für die Straße gewappnet zu sein, was auch immer sie sein mag. Wer sich darauf vorbereitet, einen schroffen und steilen Berg zu besteigen, würde keine Seidenpantoffeln anziehen; er würde feste, robuste Schuhe mit dicken Nägeln in den Sohlen bekommen. Wenn Gott uns auf eine Reise über steile und steinige Pfade schickt, wird er es nicht versäumen, uns mit geeigneten Schuhen auszustatten.

Ashers Anteil war kein Zufall; es war Gottes Entscheidung. Es gibt auch keinen Zufall in der Anordnung des Ortes, der Bedingungen und der Umstände eines Kindes Gottes. Unsere Zeit liegt in Gottes Händen. Zweifellos sind also die Härten und Schwierigkeiten eines jeden Menschen Teil der göttlichen Ordnung für die bestmögliche Entwicklung des Lebens eines Menschen.

Es gab eine Entschädigung in Ashers grobem Anteil. Seine zerklüfteten Hügel enthielten Eisen. Dieses Gesetz der Entschädigung zieht sich durch die gesamte Gabenverteilung Gottes. In der Tierwelt herrscht, wie oft erwähnt, eine wunderbare Harmonie zwischen den Lebewesen und den Umständen und Bedingungen, unter denen sie leben. Dasselbe Gesetz gilt auch für die Vorsehung des menschlichen Lebens. Die Farm eines Mannes ist hügelig und schwer zu bebauen, aber tief unter ihrer Schroffheit, versteckt in ihren Felsen, gibt es reiche Mineralien. Das Leben eines Menschen ist hart, mit besonderen Hindernissen, Schwierigkeiten und Prüfungen; Aber darin verbergen sich gewisse Kompensationen. Ein junger Mann wuchs in Wohlstand und Luxus auf. Er verspürt nie Mangel oder Selbstverleugnung, muss nie mit Hindernissen oder widrigen Umständen kämpfen. Ein anderer wächst in Armut auf und muss schuften und Entbehrungen ertragen. Letztere scheinen im Leben kaum gleiche Chancen zu haben. Aber wir alle wissen, wo die Entschädigung in diesem Fall liegt. Unter solchen Umständen wächst die großartige Männlichkeit heran, während die verhätschelten,

verhätschelten Söhne des Luxus allzu oft scheitern. In den schroffen Hügeln voller Mühe und Not findet sich das feinste Gold des Lebens.

Es gibt kaum etwas, unter dem junge Menschen aus wohlhabenden Familien mehr leiden als unter übermäßiger Hilfe. Kein edler junger Mann möchte, dass ihm das Leben durch die Mühe anderer zu leicht gemacht wird. Was er wünscht, ist die Möglichkeit, für sich selbst zu arbeiten. Es gibt Dinge, die uns kein anderer geben kann; wir müssen sie uns selbst besorgen. Unser Körper muss durch eigene Anstrengungen wachsen. Unser Geist muss durch unser eigenes Studium diszipliniert werden. Die Kräfte unseres Herzens müssen durch unser eigenes Lieben und Handeln entwickelt und trainiert werden. Einer schreibt über zwei Freunde und zwei Arten, Freundschaft zu zeigen :

„Einer brachte einen Kristallkelch, überfüllt
mit Wasser, das er aus fließenden Bächen getaucht hatte, die weit in die Höhe schossen, wo ich noch nie getreten war – zu weit, als dass selbst mein geschärftes Auge es hätte sehen können. Es waren schöne Höhen, vertraut zu seinen Füßen – es waren kühle Quellen, die mich begrüßten ihn am Morgen und machte ihn frisch, als der Mittag brannte, und sang ihm, als alle Sterne erloschen waren; seine Hand hatte sie hinausgeführt, und ihr reines Leben wurde mit heiliger Sparsamkeit gepflegt, für Blumen, Vögel und vieles mehr Tier und Mensch. Die Hügel gehörten ihm, und ihm gehörte das helle, süße Wasser. Nicht zu mir
kam seine Erneuerung. Ich war immer noch durstig.

„Der andere sah mich gnädig an,
sah mich erschöpft von meiner bitteren Not und gab mir nichts. Mit strengem Gesicht und prophetischer Stirn befahl er mir, schnell meine eigene harte Beute aufzusuchen – dort schlug er einen Weg für die gefangenen Wasser." ungehindert durch die hartnäckigen Granitblöcke, die sie in dunklen Kanälen verschließen, hinauszufließen. Ich sprang auf, denn ich kannte meinen Meister; und ich schlug, so wie Mose, meinen grauen, unfruchtbaren Felsen, und fand genügend Hilfe für mein ganzes Haus, Alle meine Diener, alle meine Schafe und Rinder.

Der beste Freund, den wir haben können, ist nicht derjenige, der den Schatz für uns ausgräbt, sondern der uns lehrt und inspiriert, mit unseren eigenen Händen die Felsen zu öffnen und die Schätze für uns selbst zu finden. Das Ausgraben des Eisens wird uns mehr nützen als das Eisen selbst, wenn es ausgegraben wird.

Schuhe aus Eisen werden nur denen versprochen, die holprige Straßen haben sollen, nicht denen, deren Weg inmitten von Blumen liegt. Hier gibt es einen tröstenden Vorschlag für alle, die in ihrem Leben eine besondere Härte empfinden. Ihnen wird eine besondere Gunst zugesagt. Gott wird dafür sorgen, dass ihr Weg rau ist. Sie werden einen göttlichen Segen haben, der ihnen ohne die Rauheit und Robustheit nicht zuteil werden würde. Der hebräische Parallelismus gibt in den übrigen Worten desselben Verses die gleiche Verheißung ohne Bedeutung: „Wie deine Tage, so wird deine Stärke sein." Seien Sie sicher, wenn Ihr Weg schwieriger ist als meiner, werden Sie mehr Hilfe bekommen als ich. Zwischen den Bedürfnissen der Erde und der Gnade des Himmels besteht ein äußerst empfindlicher Zusammenhang. Tage des Kampfes erhalten mehr Gnade als ruhige, stille Tage. Wenn die Nacht hereinbricht, leuchten Sterne, die niemals erschienen wären, wenn die Sonne nicht untergegangen wäre. Trauer zieht Trost nach sich, den es in Freude nie gegeben hätte. Für unebene Straßen gibt es Eisenschuhe.

In diesem alten Versprechen gibt es noch einen weiteren Hinweis. Der göttliche Segen für jede Erfahrung ist in der Erfahrung selbst enthalten und kann nicht im Voraus empfangen werden. Die Eisenschuhe würden erst gegeben, wenn die unebenen Straßen erreicht seien. Bis dahin bestand kein Bedarf an ihnen, und außerdem war das Eisen für ihre Herstellung in den zerklüfteten Hügeln gelagert und konnte erst beschafft werden, als die Hügel erreicht waren.

Viele Menschen machen sich Sorgen um die Zukunft. Sie quälen sich mit der ängstlichen Frage, wie sie bestimmte erwartete Erlebnisse überstehen sollen. Wir sollten besser ein für alle Mal lernen, dass es in der Bibel keine Versprechen gibt, für Bedürfnisse zu sorgen, solange die Bedürfnisse noch in der Zukunft sind. Gott gibt uns heute keine Kraft für die Schlachten von morgen; Aber wenn der Konflikt tatsächlich auf uns zukommt, kommt die Stärke. „Wie deine Tage, so wird deine Stärke sein."

Manche Menschen stellen sich auf ewig unkluge Weise mit Fragen wie dieser auf die Probe: „Könnte ich einen schmerzlichen Trauerfall ertragen? Habe ich genug Gnade, mich vor Gott zu beugen, wenn er mir meinen teuersten Schatz wegnehmen würde? Oder könnte ich dem Tod ohne Furcht begegnen?" Solche Fragen sind unklug, denn es gibt keine Verheißung der Gnade, einer Prüfung standzuhalten, wenn es keine Prüfung gibt, der man sich stellen muss. Es gibt keine Garantie für die Kraft, große Lasten zu tragen, wenn keine großen Lasten zu tragen sind. Es wird keine Hilfe versprochen, um Versuchungen zu ertragen, wenn es keine Versuchungen gibt, die man ertragen muss. Nirgendwo wird Gnade für das Sterben versprochen, solange der Tod noch in weiter Ferne liegt und die Pflicht darin besteht, zu leben.

„Von all den zärtlichen Wächtern, die Jesus
um unsere gebrechliche Menschlichkeit zog, um dem Druck und dem Gedränge standzuhalten, die immer
bereit sind, alles zu stören, was wir tun,

und die Arbeit zu zerstören, die unsere Hände leisten würden, niemand umgibt uns mehr als dies." jeden Tag mit freundlicher Fürsorge: „Deshalb sage ich: Denken Sie nicht an den nächsten Tag." Dennoch schenken wir der Weisheit nur spärliche Beachtung und sind unfähig, die Last des herrischen Jetzt zu tragen.
Nehmen Sie an, dass die Anforderungen der Zukunft nicht erfüllt sind. Gott gewährt keinen Überschuss an Macht: Es wird wie Morgenmanna vergossen. Dennoch wagen wir es, uns zu verneigen und zu bitten: „Gib." uns heute das Brot *von morgen* .""

Es gibt eine Geschichte über einen Schiffbruch, die eine Illustration liefert, die genau hier ins Spiel kommt. Besatzung und Passagiere mussten das kaputte Schiff verlassen und sich auf die Boote begeben. Das Meer war rau, und große Sorgfalt beim Rudern und Steuern war erforderlich, um die schwer beladenen Boote nicht vor den gewöhnlichen Wellen zu schützen, die sie leicht überquerten, sondern vor den großen Überschwemmungen. Die Nacht nahte, und allen sank das Herz, als sie fragten, was sie in der Dunkelheit tun sollten, wenn sie diese schrecklichen Wellen nicht mehr sehen könnten. Zu ihrer großen Freude entdeckten sie jedoch, als es dunkel wurde, dass sie sich in phosphoreszierendem Wasser befanden und dass jede gefährliche Welle mit Lichtkämmen aufrollte, die sie so deutlich sichtbar machten, als wäre es Mittag.

So kommt es, dass die gefürchteten Erfahrungen des Lebens, wenn wir ihnen begegnen, das Licht in sich tragen, das die Gefahr und den Schrecken beseitigt. Die Nacht der Trauer bringt ihre eigene Trostlampe mit sich. Die Stunde der Schwäche bringt ihr eigenes Geheimnis der Stärke mit sich. Am Rande der bitteren Quelle selbst wächst der Baum, dessen Zweig das Wasser heilen wird. Die Wildnis mit ihrem Hunger und keiner Ernte hat täglich Manna. Im dunklen Gethsemane, wo die Last mehr ist, als das sterbliche Herz tragen kann, erscheint ein Engel, der Kraft spendet, die den Sieg bringt. Als wir den harten, rauen und steilen Weg erreichen, finden wir Eisen für die Schuhe. Das Eisen wird genau auf den Hügeln sein, die wir erklimmen müssen.

also , dass das Thema Schuhe sehr wichtig ist. Wir sind hier Pilger und können nicht barfuß auf den holprigen Straßen dieser Welt laufen. Sind unsere Füße für die Reise beschuht?

„Wie bekomme ich Schuhe und wo?" fragt man. Erinnern Sie sich an die Füße Christi, die mit Nägeln durchbohrt waren? Warum war es so? Damit wir Schuhe haben, die wir an unseren Füßen tragen können, und dass sie unterwegs nicht zerschnitten und zerrissen werden.

Die teuren Füße Christi wurden von den langen Reisen über Dornen und Steine verwundet und wund und mit grausamen Nägeln durchbohrt, damit unsere Füße für die unebenen Straßen der Erde beschlagen sein konnten und endlich durch die Perlentore eintreten und auf dem goldgepflasterten Himmel wandeln konnten Straßen.

Abgesehen davon besteht die ganze Lehre darin, dass wir auf unserer Lebenspilgerreise ohne Christus nicht zurechtkommen können; aber mit Christus werden wir auf alles vorbereitet sein, was im Laufe der Tage und Jahre auf uns zukommen mag.

KAPITEL XXV.

Das Schließen von Türen.

„Verzögere niemals,
die Pflicht zu erfüllen, die die Stunde bringt, was auch immer es in großen
oder kleineren Dingen sein mag; denn wer weiß schon, was er am
kommenden Tag tun wird?"

Das Schließen einer Tür ist eine Kleinigkeit und kann dennoch eine
unendliche Bedeutung haben. Es kann ein Schicksal zum Wohl oder zum
Leid bestimmen. Als Gott die Tür der Arche schloss, war das Geräusch ihres
Schließens für diejenigen, die draußen waren, ein Zeichen des Ausschlusses,
aber für die kleine Schar von Vertrauenspersonen, die drinnen waren, war es
ein Zeichen der Sicherheit. Als die Tür hinter dem Bräutigam und seinen
Freunden, die in den Festsaal gegangen waren, geschlossen wurde, um sie
vor der Dunkelheit und Gefahr der Nacht zu schützen und sie mit Freude
und Fröhlichkeit einzuschließen, waren da draußen diejenigen, denen das
Schließen dieser Tür zu Herzen ging schlug Verzweiflung und Leid. Für sie
bedeutete es einen hoffnungslosen Ausschluss von allen Privilegien derer, die
darin lebten, und die Aussetzung an alle Leiden und Gefahren, vor denen
diese Begünstigten geschützt waren.

Hier finden Sie Hinweise darauf, was beim Schließen einer Tür passieren
kann. Das Leben ist voller Illustrationen. Wir stoßen ständig auf Türen, die
eine Weile offen stehen und dann geschlossen werden. Ein Künstler hat
versucht, dies in einem Bild zu lehren. Father Time ist dort mit umgekehrter
Sanduhr. Ein junger Mann liegt entspannt auf einem luxuriösen Sofa,
während neben ihm ein Tisch mit reichhaltigen Früchten und Speisen steht.
An ihm vorbei gehen bestimmte Gestalten auf eine offene Tür zu, die
Möglichkeiten darstellen; Sie kommen, um den jungen Mann zum Adel, zur
Männlichkeit, zur Nützlichkeit und zum Wert einzuladen. Das erste ist eine
schroffe, sonnengebräunte Gestalt, die einen Dreschflegel trägt. Das ist
Arbeit. Er lädt die Jugend zur Arbeit ein. Er ist bereits weitgehend unbeachtet
vorübergegangen. Als nächstes kommt ein Philosoph mit offenem Buch, der
den jungen Mann zum Nachdenken und Studieren einlädt, damit er die
Geheimnisse des mystischen Bandes meistern kann. Doch auch diese Chance
wird vertan. Die Jugend hat keine Lust zu lernen. Dicht hinter dem
Philosophen kommt eine Frau mit gebeugter Gestalt, die ein Kind trägt. Ihre
Kleidung symbolisiert Witwenschaft und Armut. Ihre Hand ist appellierend
ausgestreckt. Sie sehnt sich nach Nächstenliebe. Bei näherer Betrachtung des
Bildes erkennen wir, dass der junge Mann Geld in der Hand hält. Aber er hält
es fest, und das Flehen der armen Witwe ist vergebens. Noch eine andere
Gestalt kommt vorbei und versucht, ihn aus seiner müßigen Bequemlichkeit

zu locken und zu umwerben. Es ist die Gestalt einer schönen Frau, die durch Liebe in ihm edle Ziele wecken möchte, die seiner Kräfte würdig sind, und ihn zu ehrgeizigen Bemühungen inspirieren möchte. Eine nach der anderen vergingen diese Gelegenheiten mit ihren Rufen und Einladungen, nur um unbeachtet zu bleiben. Endlich erwacht er, um sie zu ergreifen, aber es ist zu spät ; Sie verschwinden aus dem Blickfeld und die Tür schließt sich.

Dies ist ein wahres Bild dessen, was ständig auf dieser Welt vor sich geht. Für jeden jungen Menschen bieten sich Chancen, die schöne Dinge, reiche Segnungen und strahlende Hoffnungen bieten. Allzu oft werden diese Angebote und Aufforderungen jedoch abgelehnt und gehen nach und nach vorbei, um nicht mehr zurückzukommen. Eine Tür nach der anderen wird geschlossen, und schließlich stehen die Menschen am Ende ihrer Tage mit einem bettelarmen Leben da, weil sie alles verpasst haben, was sie in den vergangenen Tagen an Bereicherung und Gutem hätten gewinnen können.

Mit nach Hause nehmen. Ein wahrhaft christliches Zuhause mit seiner Liebe, seinem Gebet und all seinen sanften Einflüssen ist für ein Kind fast der Himmel. Der Duft der Liebe Christi erfüllt das ganze Hausleben. Heiligkeit liegt in der Atmosphäre selbst. Die Segnungen der Zuneigung machen jeden Tag mit seiner Eindrücklichkeit zart. Im ganzen Leben gibt es keine anderen Gelegenheiten, schöne Dinge ins Leben zu bringen und schöne Lektionen zu lernen, wie in den Tagen der Kindheit und Jugend, die wir in einem Zuhause christlicher Liebe verbringen. Doch wie oft wird all diesen Einflüssen Widerstand geleistet und sie werden abgelehnt. Dann wird nach und nach die Tür geschlossen. Das Herz, das das Zuhause geschaffen hat, liegt immer noch im Tod. Die sanfte Hand, die solch einen Segen gewirkt hat, ist kalt. Manch ein Mann in der Mitte seines Lebens würde alles geben, um für eine Stunde an den alten heiligen Ort zurückzukehren, um die Stimme seiner Mutter im Rat oder im Gebet noch einmal zu hören, noch einmal die sanfte Berührung ihrer Hand zu spüren und sie zu haben süßer Trost. Aber es ist zu spät. Die Tür ist geschlossen.

Nehmen Sie an Bildung teil. Viele junge Menschen sind sich nicht bewusst, welche großartigen Chancen sich ihnen in ihrer Schulzeit bieten. Zu oft machen sie wenig aus den Privilegien, die sie dann genießen. Manchmal verschwenden sie mit Müßiggang die Stunden, die sie eigentlich mit fleißigem Lernen und hilfreicher Lektüre verbringen sollten. Wenn sie wollten, könnten sie sich in späteren Jahren für hohe und ehrenvolle Ämter qualifizieren; aber sie lassen die Tage mit ihren Möglichkeiten verstreichen. Nach und nach hören sie, wie sich die Schultür schließt. Dann bewegen sie sich im Laufe ihrer Jahre mit stockendem Schritt, mit zwergenhaftem Leben, mit unentwickelten Kräften, unfähig, die höheren Positionen anzunehmen, die ihnen hätten zustehen können, wenn sie darauf vorbereitet gewesen wären, und versagen oft bei Pflichten und Verantwortlichkeiten – alles nur, weil sie jung sind Sie verschwendeten ihre Schulzeit und nutzten nicht die Möglichkeiten, die sich ihnen dann zur Vorbereitung boten. Als Napoleon seine alte Schule besuchte, sagte er zu den Schülern: „Jungs, denkt daran, dass jede in der Schule verschwendete Stunde eine Chance auf Unglück im zukünftigen Leben bedeutet." Tausende von Misserfolgen im Laufe der Jahre als Mann und Frau bezeugen die Wahrheit dieser Mahnung.

Freundschaft ist eine weitere Gelegenheit, die großen Segen bietet. Vor jedem jungen Menschen stehen zwei Arten von Freunden, die ihm stets die Hand entgegenstrecken. Das Flüstern einer Klasse von Vergnügungen, die zu Sünde und Erniedrigung führen. Sie bieten dem jungen Mann das Weinglas, den Spieltisch, die Befriedigung von Lust und Leidenschaft. Sie bieten der jungen Frau Schmeicheleien, fröhliche Kleidung, Tanz und Freuden, die ihre weibliche Reinheit trüben. Wir alle kennen das Ende einer solchen Freundschaft.

Aber es gibt noch eine andere Klasse von Freunden, die vor jungen Menschen stehen und sie zu edlen Dingen umwerben. Sie mögen schlicht, vielleicht heimelig, fast streng sein in ihrer Ernsthaftigkeit und der Ernsthaftigkeit, mit der sie über das Leben sprechen. Sie fordern zur Mühen, zum Fleiß, zur Selbstverleugnung, zu heroischen Charaktereigenschaften, zur Reinheit, zur Nützlichkeit, zu „allem, was wahr ist, was auch immer gerecht ist, was auch immer ehrenhaft ist, was auch immer alles schön ist." Man kann den Wert der Segnungen, die eine wahre, weise und würdige Freundschaft den jungen Menschen bietet, gar nicht genug betonen. Ziel ist es, sie zu ihrem besten Charakter und ihren besten Leistungen anzuspornen und anzuspornen. Es würde sie zu erhabenen Errungenschaften und zu strahlenden Siegen emporheben. Die jungen Leute, denen das Angebot einer solchen Freundschaft gemacht wird, werden am meisten bevorzugt.

Aber wie oft sehen wir, dass der Segen abgelehnt wird, weil er nur um nutzlose Vergnügungen bittet, die nichts wirklich Gutes bringen, die das Leben in alle möglichen Komplikationen verwickeln, die in Versuchungen führen und allzu oft in Katastrophen und Kummer enden.

Es gibt eine Zeit für die Auswahl von Freunden, und wenn diese Zeit verstrichen ist und die Wahl getroffen wurde, ist die Tür geschlossen. Dann ist es zu spät, um zurückzukehren. Es gibt viele Menschen in der Mitte ihres Lebens, die jetzt in den Ketten böser Kameraden gefangen sind und alles, was sie haben, für die süßen Freuden und reinen Freuden der Freundschaft geben würden, die einst vielleicht ihnen gehörten, die ihnen in der Jugend vergeblich zuteil wurden Hände der Aufdringlichkeit und des Segens. Aber es ist zu spät; die Tür ist geschlossen.

So ist es auch mit den Möglichkeiten, anderen Gutes zu tun, zu trösten, zu helfen, aufzumuntern, Lasten zu lindern, Freude und Freude zu schenken.

Wir stehen ständig vor offenen Türen, die wir nicht betreten. Oftmals schrecken wir aus schüchternem Gefühl vor dem süßen Dienst zurück, halten das mitfühlende Wort zurück oder halten uns davon zurück, sanfte Güte zu zeigen, weil wir denken, dass unser Angebot der Liebe möglicherweise unerwünscht sei. Oder wir erkennen nicht die Gelegenheit, einen Segen zu geben. Das trifft sehr oft zu, besonders in den engeren und zärtlicheren Intimitäten des Lebens. Wir erkennen den Herzenshunger unserer Lieben nicht und gehen Tag für Tag mit ihnen und helfen ihnen nicht auf tausend Arten, wie wir ihnen helfen könnten, bis sie von uns gegangen sind und die Tür verschlossen ist. Dann bleibt uns nichts anderes übrig, als den Schmerz des Bedauerns zu ertragen und nur die Hoffnung zu haben, dass wir im Jenseits auf irgendeine Weise in der Lage sein werden, die Liebesschuld – wenn auch so spät – zu begleichen.

„Wie wird es sein,
wenn du endlich im Himmel bist, wir sehen – liebe Seelen, deren Schritte in verlorenen Tagen die
mühsamen Wege der Erde vertonten,
während wir nicht die Hälfte der Einsamkeit erraten konnten, die dich an unsere Seite band? Wo Engel deine Schritte kennen." Wir
sind gern dabei.

„Wir haben es nie gewusst –
so rücksichtslos gingen wir mit dir – die Tropfen, die wir aus deiner verschütteten Tasse stießen, konnten nicht aufgefangen werden; wir hätten dir vielleicht Schaum und Glanz aus dem Überlauf unseres eigenen Bechers geben können; Ah! was wir hätten sein können." Für dich. Wir wussten es nie.

„Wir hätten dir aus unserem großen Vorrat so viel Kraft, so viel Trost und Zufriedenheit leihen können; Wir hätten früher weitereilen können, um die Schatten von deinem Weg zu vertreiben, verdunkelt, noch vor Mittag, zum Grau der Dämmerung; Mit der gekühlten Luft der Erde, der Liebe warm. " Herzduft Wir hätten uns vielleicht vermischen können .

„Liebe, wehmütige Augen,
Du verfolgst uns mit Deiner gütigen Überraschung, Deinem zärtlichen Wunder, dass ein Herz so allein gelassen werden sollte, getrennt, so liebevoll, so missverstanden von uns, in unserer egozentrischen Stimmung: Ach! Vergeblich erhebst Du
Dich Unsere Sehnsucht weint.

„Oh, wirst du
hinter dem leuchtenden Tor auf uns warten? Obwohl schöne Geschenke hinter dir zurückgeblieben sind, wollen wir euch selbst; wir sind beraubt.

Aus eurer neuen, herrlichen Villa. Wirst du dich hinauslehnen, um nach uns zu suchen? Geschlossen ist die Ferne, strahlend Tor – Sind wir zu spät?"

Dies sind nur Illustrationen. Das Gleiche gilt in allen Lebensphasen. Jeden Tag werden uns Türen geöffnet, die wir nicht betreten. Eine kurze Zeit lang stehen sie mit Bitten und Willkommen offen, und dann werden sie geschlossen, um für immer nicht mehr geöffnet zu werden. Für jeden von uns bieten sich im Laufe der Jahre Gelegenheiten, die uns, wenn sie angenommen und verbessert werden, zu einem würdigen Charakter und zu einem edlen, nützlichen Leben befähigen und uns zu gegebener Zeit zu ehrenvollen und gesegneten Orten führen würden. Aber wie viele von uns lehnen diese Möglichkeiten ab und verlieren das Gute, das sie uns von Gott gebracht haben! Dann werden eine nach der anderen die Türen geschlossen und die dargebrachten Gefälligkeiten abgeschnitten, während wir ungesegnet weitergehen.

Es gibt eine weitere Türschließung, die noch trauriger ist als alle zuvor vorgeschlagenen. Die Tür unseres eigenen Herzens wird vor Gott selbst verschlossen. Er steht an unserem Tor und klopft, und es gibt viele, die ihm überhaupt nicht öffnen, und viele mehr, die die Tür nur leicht öffnen. Letztere empfangen zwar Segen, vermissen aber die Fülle der göttlichen Offenbarung, die ihre Seelen mit Liebe überfluten würde; die ersteren vermissen überhaupt den süßesten Segen des Lebens.

„Wer die Liebe ausschließt, wird seinerseits
von der Liebe ausgeschlossen sein, und auf seiner Schwelle liegt
und heult in äußerer Dunkelheit. Auch hierfür wurde kein gewöhnlicher
Ton aus der gemeinsamen Erde hergestellt, von Gott geformt und mit den Tränen
der Engel bis zur Vollkommenheit gehärtet." Gestalt des Menschen.

Dieses traurige Geräusch sich schließender Türen, das Tag für Tag an unsere Seelenohren dringt, verkündet uns immer wieder, dass etwas, das uns gehörte, das uns von Gott gesandt wurde und für das wir uns vor Gericht verantworten müssen, nicht unser Eigentum ist länger, ist für immer unserem Zugriff entzogen. Es ist ein trauriges Bild – die fünf Jungfrauen stehen um Mitternacht vor einer verschlossenen Tür, durch die sie mit großer Freude und Ehre hätten eintreten können, die sich aber trotz all ihrer wilden Aufdringlichkeit nicht mehr öffnen lässt. Es ist traurig, aber viele von uns stehen auch vor verschlossenen Türen, Türen, die uns einst offen standen, die wir aber nicht betreten haben, und träge draußen herumlungern, bis das Geräusch des Schließens als Glockengeläut hoffnungsloser Ausgrenzung an unser Ohr drang : —

„Zu spät! Zu spät! Ihr könnt jetzt nicht eintreten!"

Natürlich ist die Vergangenheit unwiederbringlich und unwiederbringlich, und es mag müßig erscheinen, uns darüber zu ärgern, dass die Türen jetzt verschlossen sind und sich keine Tränen, keine Gebete, kein lautes Klopfen jemals wieder öffnen können. Ja; doch die Zukunft bleibt. Die vergangenen Jahre können wir nicht wieder zurückholen, aber neue Jahre liegen noch vor uns. Auch sie werden ihre offenen Türen haben. Sollten wir nicht Weisheit lernen, wenn wir auf die unwiderrufliche Vergangenheit zurückblicken und sicherstellen, dass wir in Zukunft nicht zulassen, dass sich Gottes Türen der Möglichkeiten vor uns schließen?

9 789359 258614